Ernst Pasqué

Goethe's Theaterleitung in Weimar

Erster Band

Ernst Pasqué

Goethe's Theaterleitung in Weimar
Erster Band

ISBN/EAN: 9783741124495

Hergestellt in Europa, USA, Kanada, Australien, Japan

Cover: Foto ©Suzi / pixelio.de

Manufactured and distributed by brebook publishing software
(www.brebook.com)

Ernst Pasqué

Goethe's Theaterleitung in Weimar

Goethe's
Theaterleitung in Weimar.

In Episoden und Urkunden

dargestellt

von

Ernst Pasqué.

Erster Band.

Leipzig

Verlagsbuchhandlung von J. J. Weber.

1863.

Vorwort.

Der geneigte Leser irrt, wenn er etwa glaubt, in den nachfolgenden Blättern die Haupt- und folgewichtigsten Momente Goethe'scher Wirksamkeit als Bühnenleiter, in ausführlicher ästhetisch-kritischer Darstellung, zu finden: es sind nur minder wichtige Episoden aus der Zeit der Direktionsführung des Dichters, mehr die Persönlichkeiten, den Apparat seines Theaters, als die großen erzielten Resultate und Leistungen betreffend, was sie in einfacher, urkundlicher Form darbieten.

Nach ersterer Richtung hin ist manches Schätzenswerthe im Laufe der Zeiten veröffentlicht worden, sowohl Versuche, jene ganze große „goldne" Zeit der Wei-

marer Bühne wiederzugeben, wie auch ziemlich aus=
führliche Schilderungen einzelner Momente derselben.
Eine abgeschlossene, erschöpfende Darstellung aber,
mit all' den interessanten und nothwendigen Einzeln=
heiten, die ganze hohe und folgewichtige Bedeutung
dieser Periode schildernd, fehlt und harrt noch
immer einer ihrer würdigen Feder. In Ermangelung
einer solchen dürfte demnach die Veröffentlichung
nachfolgender Blätter ihre Berechtigung finden —
Blätter, die in genauer, ausführlicher und urkund=
licher Darstellung einige Episoden und Ergebnisse
jener bedeutungsvollsten Epoche deutscher Theater=
Geschichte bestimmt und in möglichster Vollständig=
keit wiederzugeben versuchen, welche Aufzeichnungen,
wenn sie auch nicht gerade die glänzendsten und
bekanntesten Momente derselben umfassen, doch solche
Lichtpunkte zu ergänzen, zu verbinden, wie auch zu=
gleich Klarheit und Helle in manche bisher dunkle
Stellen zu bringen im Stande sein dürften.

Es ist also eigentlich nur Material zu einer
künftigen umfassenden und erschöpfenden Geschichte
der goldenen Zeit der Weimarer Bühne unter Goethe's
Leitung, was hier geboten wird, und der Nachforscher

in theatralischen Dingen, der wohl weiß, wie schwie=
rig es ist, in diesen nur annähernd vollständige und
sichere Notizen und Nachweise zu erlangen, wird in
den Episoden eine Menge bisher unbekannter Details
und Thatsachen verzeichnet finden, die er anderswo
vergebens suchen, und eben nur in den folgenden
Blättern finden dürfte. Dem Leser aber dürften
die einzelnen Episoden noch dadurch interessant wer=
den, daß sie ihm gestatten, einen Blick „hinter den
Vorhang“ der von Goethe geleiteten Bühne zu wer=
fen, den Dichter=Director in seinem desfallsigen stillen
und geheimen Thun und Lassen zu belauschen; ferner,
daß sie ihm vergönnen, die Ursache, „Wirkungskraft
und Samen“ von manchen der glänzenden zu Tage
geförderten Resultate zu schauen und zu erkennen.

Ein ausführliches Personen= und Sachregister
wird die Benutzung des Buches erleichtern, das
durch seine Reichhaltigkeit an urkundlichen, bisher
unbekannten Einzelnheiten hoffentlich noch in spätern
Zeiten als willkommener und belehrender Wegweiser
durch — ja, ich darf es sagen, als Quellenwerk
für jene bunte und bedeutungsvollste Epoche deutscher
Theater=Geschichte zu dienen im Stande sein wird.

Möge dies Alles zu Gunsten meiner kleinen Arbeit sprechen und ihr eine freundliche und nachsichtige
Aufnahme verschaffen!

Darmstadt, im Januar 1863.

Ernst Pasqué.

Inhalt des ersten Bandes.

III. Friedrich Ludwig Schröder und Goethe. 1791.

IV. Euphrosyne.

Christiane Neumann-Becker; ihr Tod und erster Versuch sie zu erietzen: Sophie und Marianne Koch und ihr Vermund Spitz. 1797.

I.

Einleitung.

Vorbereitende Epoche, bis 1791.

Kurze Nachrichten über die ältesten theatralischen Aufführungen am Hofe zu Weimar. Weimarische Hof-Komödianten 1738.

Die ältesten Nachrichten von theatralischen Darstellungen in Weimar fallen in das XVI. Jahrhundert. Schulkomödien von den dortigen Schülern*), sowie ähnliche Darstellungen von Studirenden aus Jena und in der Wilhelmsburg aufgeführt, sind die ersten derartigen Kundgebungen. Politische Verhältnisse, die Verlegung der fürstlichen Residenz nach Gotha (unter Johann Friedrich dem Mittlern), später nach Torgau und Dresden (unter Friedrich Wilhelm, dem Administrator von Chur=Sachsen, von 1591 — 1601), der bald darauf beginnende und so zerstörend wirkende dreißigjährige Krieg — dies Alles hemmte die weitere lokale Entwicklung der dramatischen Kunst. Erst nach Beendigung jenes furchtbaren Kampfes, unter

*) Siehe darüber: Dr. Heiland, Jahresbericht über das Wilhelm=Ernestinische Gymnasium zu Weimar. 1857—1858. Enthält: Ueber die dramatischen Aufführungen im Gymnasium zu Weimar.

1 *

Herzog Wilhelm IV., treffen wir wieder auf ähnliche Darstellungen und diesmal meistens in Opernform.

Der bekannte Poet und Gambist Georg Neumark (geb. 1621, gest. 1681) tritt uns als Dichter der Stücke, die sich theilweise durch ihren Inhalt vor ähnlichen gleichzeitigen Produkten vortheilhaft auszeichnen, entgegen, während Adam Drese (geb. um 1635, gest. 1718), damaliger Kapellmeister am Weimarer Hofe, die dazu nöthige Musik setzte.

Zu Ende des XVII. Jahrhunderts, unter Wilhelm Ernst, treten die Schulkomödien unter dem Rector Philipp Großgebauer (1687 — 1711) wieder in den Vorgrund. Lust- und Schauspiele, doch auch — oder sogar Opern werden aufgeführt, was wohl mit die Veranlassung gewesen sein mag zur Errichtung eines eigenen Operntheaters mit allen möglichen Maschinen in der Wilhelmsburg*).

---

*) 1696 wurde der Bau (die Einrichtung) eines neuen Opernhauses in der Wilhelmsburg begonnen und am 19. Oktober d. J. fand die erste Opern-Vorstellung statt: „Von der, denen lasterhaften Begierden entgegengesetzten tugendlichen Liebe." — 1697 am 19. Juli begann die Erweiterung dieses Operntheaters und am 19. Oktober (Geburtstag des regierenden Herzogs Wilhelm Ernst) wurde die Oper: „Die erhöhte Dienstbarkeit unter der Königlichen Prinzessin Tarquinia mit Servio Tullio geschehener glücklicher Vermählung" aufgeführt. Die Feste müssen glänzend gewesen sein und dauerten acht Tage. — Siehe über diese Aufführungen noch den unter der vorigen

Die ersten Spuren von wandernden Schauspiel=
truppen in Weimar finden sich in einem alten Ham=
burger Theaterzettel vom Jahre 1738 (mitgetheilt von
Carl Lebrün). Auf demselben nennt der bekannte
Prinzipal Lorenz*) seine Bande „Hochfürstl. Weima=
rische Hof = Comödianten." Wann er in Weimar ge=
spielt, und wie er zu diesem Titel gekommen, ist nicht zu er=
mitteln gewesen. Der damalige Herzog Ernst August
(geb. 1688, gest. 1748) war zwar ein großer Freund
der Musik, doch nicht der wandernden Komödianten, wie
seine vielen Verbote und Erlasse, solche nicht ins Land
zu lassen, beweisen. Mit Lorenz muß er vielleicht, in
frühern Jahren, eine Ausnahme gemacht haben.

Anmerkung angeführten Jahresbericht; — Schöll, „Weimars
Merkwürdigkeiten von einst und jetzt". — Der größte Theil der
Texte der aufgeführten Opern befindet sich auf der Großherzog=
lichen Hofbibliothek zu Weimar. — Noch wäre zu bemerken,
daß das oben angeführte, neu hergerichtete Opernhaus in der
Wilhelmsburg derselbe Raum war, in dem später die verschiedenen
Truppen, zuletzt Seyler mit seiner Gesellschaft, spielten, wel=
cher dann 1774 bei dem großen Schloßbrande mit zerstört wurde.

*) Johann Friedrich Lorenz (geb. zu Dresden um
1695, gest. 1742 zu Danzig) befand sich 1711 bei der Haakin,
ging 1728 mit seiner Frau (geb. in Nürnberg) zur Neuberin,
als diese ihre erste Truppe bildete. Beider Tochter, Christiane
Friederike, war die später berühmte Mad. Huber, geb. 1721
zu Zittau; debütirte 1741 zu Wien als Irton in Esser; ver=
heirathet an Michel Huber, Wien 1749. Ihr Todesjahr ist
unbekannt.

Dieser Theaterzettel, als das älteste Dokument einer Wandertruppe, die zu dem Weimarer Hofe in irgend einer Beziehung gestanden, verdient deshalb wohl hier eine Stelle, einen wörtlichen Abdruck. Er lautet:

„Mit hoher Obrigkeitlicher Bewilligung
Werden heute Montags den 27 Januarn 1738
die Hochfürstl. Weimarische
Hof=Comoedianten
Denen respective Liebhabern teutscher Theatralischer
Schauspiele
Eine sehenswürdige Staats=Action vorstellen,
genannt
der auf eine seltsame Art triumphirende
Tamerlan
oder die spielende Fortuna
Bey der Person des von dem Gipfell des Glücks
in den Abgrund gestürtzten Bajazeth
vorher sehr stolzen endlich aber doch gedehmüthig=
tigten Türkischen Kaysers.
Oder
Der Weibliche Arlequin.

Avertissement.
Nichts ist wohl in der Welt unbeständiger als das unbeständige Glück selbst, weil es öfters ganz unver= muthet aus einem Fürsten einen Sclaven und aus einem Bauern einen Edelmann machet; Und wer heute eine Krone

trägt, kann öffter des morgenden Tages nicht eines
Pfennigs Herr seyn, dieweil sich niemand vor seinem
Ende glückselig preisen kann.

Eben dieser Worte sich erinnerte ehemalen der von
dem König der Perser gefangene und zum Holtz=Stoß
verdammte Lydier König Cröfus, daß Solon auf Be=
fragen: Wer wohl auf der Welt der Glückseligste wäre?
die Wahrheit geredet wenn er gesprochen:

Nemo ante Obitum beatus.

Eben ein gleiches siehet man an dem heute in
unserer Action vorkommenden Bajazeth, der sich gleich=
sam gantz hochmüthig einen Herrn der Welt nennete;
allein ehe ers sich versahe, wurde er aus einem so großen
Kayser ein Sclave, ja noch weniger als ein Sclave des
Tamerlans, indem er auf Befehl desselben in einen
eisernen Käsig mit Ketten geschlossen zur Schau herum=
geführet wurde, worinnen er sich denn endlich aus Ver=
zweiflung getrieben den stoltzen Schädel eingestoßen.

Was aber den Tamerlan betrifft, so werden seine
barbarische Thaten, so viel es der Schauplatz zulassen
will, heute einigermassen vorstellig gemachet werden,
welcher wegen seiner Grausamkeit, da er gleichsam (wie
Attila) eine Blut=Peitsche und Züchtiger der Tyrannen
genennet, als ein Tyrannen selbst seinen Lohn em=
pfangen, indem er von seinen Anhängern bald aus dem
Wege geräumet worden.

Die Liebes=Intriguen zwischen Bajazeth und seiner

verlassenen Braut Maëcha die ihme als ein Narre ver=
kleidet bis in das Lager des Tamerlans unerkannt ge=
folget, werden die Piece adouciren; weil auf diese Weise
ein Frauenzimmer vor heute eine lustige Person vor=
stellet, daher auch die Comödie betitult werden:

Der weibliche Arlequin.

Den Beschluß machet ein lustiges Nach=Spiel.

Die Person giebt auf dem ersten Platz 1 Mark Bc.
auf dem mittlern 8 Schillinge, und auf dem letzten
Platze 4 Schillinge.

Der Anfang ist um 5 Uhr, in Hamburg in der
Julen=Twiet im Comödien=Hause.

Johann Friedrich Lorenz."

Döbbelin in Weimar; Gründung eines Hoftheaters daselbst, 1757.

Unter Ernst August Constantin (geb. 1735,
gest. 1758) sehen wir die erste regelmäßige Schaubühne
in Weimar. Dieser junge Fürst, am lebensfrohen Hofe
zu Gotha erzogen, übernahm 1756 die Regierung und
vermählte sich zugleich mit der neunzehnjährigen Braun=
schweigischen Prinzessin Anna Amalia, jener Fürstin,
die sich später unsterbliches Verdienst um deutsche Dicht=

kunst und deutsches Theater erwarb.   Dieses mußte dem
lange verwaisten Hofe äußerlich ein ganz anderes Ansehen
geben, und eine der ersten Thatsachen nach dieser Richtung
hin war nicht allein die Berufung einer Schauspieltruppe,
sondern die Errichtung eines förmlichen H o f t h e a t e r s ,
des d r i t t e n , welches Deutschland zu jener Zeit besaß.

Schon am 5. Mai 1756 hatte sich der damals
durch seine „inventirten Tänze und admirabeln Mas=
queren" berühmte Prinzipal F r a n z   S c h u c h   von
Berlin aus an den jungen Herzog gewendet, um am Hofe
Vorstellungen geben zu dürfen.   Ob dieses Gesuch ab=
geschlagen wurde oder ob man sich nicht mit Schuch
einigen konnte, ist unermittelt, genug, es hatte
keinen Erfolg.   Ein andrer Prinzipal war glücklicher;
es war dies C a r l   T h e o p h i l u s   D ö b b e l i n .   Er
war zuerst bei der Neuberin, dann bei Ackermann ge=
wesen, endlich in den Besitz einer nicht unbedeutenden
Summe gekommen und nun selbst Prinzipal geworden.
Der Zufall führte ihm gute Mitglieder zu (die wir später
kennen lernen werden), und so begann er denn sein Ge=
schäft 1756 in Erfurt.   Durch den Krieg veranlaßt, von
Erfurt wegzugehen, wandte er seine Blicke nach Weimar
und trat bald mit dem Hofe — der die Leistungen seiner
Truppe gewiß kannte — in Unterhandlungen, welche da=
mit endeten, daß der Hof dem Prinzipal eine feste runde
Summe gab, wogegen die Schauspieler von nun an als
„H o f = C o m ö d i a n t e n " in Weimar agiren sollten.

Unterm 1. November 1756 wurde ein Vertrag
zwischen dem Hofe und Döbbelin abgeschlossen, der neun
Punkte und im Wesentlichen Folgendes enthielt. Er be=
gann wörtlich:

„Bestallungs= und Versicherungs=Decret
vor die ehemaligen
Döbbelinische, nunmehro Hof=Comoedianten=
Gesellschaft.

Wir Ernst August Constantin tot. tit. Uhrkunden
hiermit; demnach Wir die bisherige Döbbelinische Ge=
sellschaft deutscher Schauspieler unter dem Namen
Unserer Hof=Comoedianten auf Drey Jahre
lang in Unsere Dienste genommen und mit deren zeit=
herigen Directeur Carl Theophilus Döbbelin, vor ihn und
die ganze Gesellschaft ein Accord dergestalt getroffen, daß

1) Derselbe mit seiner Gesellschaft die Woche dreymal,
oder so viel Uns beliebet, Schauspiele mit
variirenden Intermezzi, Nachspiele und Ballets
auf, und darbey die Direction soll führen.“

2) Soll ein Kavalier ernannt werden und die artisti=
sche Oberaufsicht führen; wogegen

3) Döbbelin darüber zu wachen habe, daß die Comoe=
dianten sich ordentlich betragen und keine Schulden
machen.

4) Wird die Gesellschaft sammt dem Direktor unter
die Jurisdiktion des Hof=Marschallamts gestellt.

5) Behält der Herzog das Recht, den Vertrag alle

drei Monate zu kündigen, wogegen bei einer solchen
Kündigung der Direktor noch ein volles Quartal
ausbezahlt erhält, welches aber — wenn die Ge=
sellschaft Schulden gemacht haben sollte — zu deren
Tilgung zu verwenden wäre.

6) Im Falle Döbbelin nach den drei Jahren nicht ge=
sonnen sei, den Vertrag fortbestehen zu lassen,
müßte er solches drei Monate vorher anzeigen.

7) Erhält Döbbelin die Aussicht, zu Advent oder
Fastenzeit außerhalb Vorstellungen geben zu dürfen.

8) Erhält Döbbelin ein „Jährliches Quantum von
6800 Reichsthalern oder monatlich von heute
(1. Nov.) an 566 Rchsthlr. 16 Gr." Dafür
stellt und besoldet er, nach seinem Gutdünken, die
ganze Gesellschaft und alle zum Theater gehörigen
Personen. Der Hof giebt nur die nothwendige
Beleuchtung an Wachs= und Talglichter, auch
Talglampen.

9) Hat Döbbelin sowie seine Gesellschaft einen Revers=
Brief auszustellen, worin sie sich verpflichten, den
obigen Punkten nachzukommen.

Letzteres geschah denn auch vom Direktor und der
Gesellschaft mit den größten Dankbezeugungen und Ver=
sprechungen.

Als dieser Vertrag abgeschlossen war, übertrug der
Herzog dem Kammerjunker von Dürckheim die Ober=
aufsicht der Schauspiele und die Vorstellungen begannen.

In dieser Form hielt sich das Komödienwesen bis Ende April 1757, dann aber trat eine bedeutende Veränderung ein.

Bis zu obenerwähntem Zeitpunkte hatte der Hof die Schauspiele mit einer gewissen Summe honorirt, während der Direktor alle Ausgaben und das Risiko zu tragen hatte. Ein Kavalier hatte dabei die Oberaufsicht geführt, d. h. den Vermittler zwischen dem Hofe und dem Direktor gemacht. Mit Ende April ging Döbbelin ab *) (ob er sich mit dem Herzoge entzweit, oder seine Rechnung nicht gefunden, ist nicht zu entscheiden; die Theatergeschichten führen Ersteres als Grund der Entfernung Döbbelins von Weimar an), und der Hof übernahm nun selbstständig die ganze Gesellschaft, ließ auf eigene Kosten fortspielen, bestimmte die aufzuführenden Stücke, und der bisher die Oberaufsicht führende Kavalier — Kammerjunker von Dürckheim — trat nun als Direktor ganz in die Rechte und Pflichten eines heutigen Intendanten — und somit entstand ein H o f t h e a t e r g a n z i m h e u t i g e n S i n n e. Diese Thatsache, bisher unbekannt, doch für die Bedeutung Weimar's als frühe Pflanzstätte dramatischer Kunst nicht unwichtig, wird durch das Folgende urkundlich festgestellt. —

---

*) Döbbelin errichtete noch in demselben Jahre eine zweite Gesellschaft, die er indessen 1758 wieder aufgab. 1767 erhielt er das preußische Privilegium und von diesem Zeitpunkte an datirt sich seine eigentliche Reputation.

Einem Berichte jenes Herrn von Dürckheim sind obige Thatsachen entnommen. In einer Anlage sucht der eifrige Intendant zu beweisen, daß der Hof bei selbstständiger Uebernahme der Truppe nur gewinnen könne. Da diese Anlage uns vollständig mit der Gesellschaft der Hofkomödianten und ihren Verhältnissen bekannt macht, mag sie hier wörtlich folgen:

„Verhalt deß dermaligen Aufwandes der hiesigen Comödie gegen den vormahls getroffenen Accord deß dimittirten Entrepreneur Doebbelin.

Es erhalten dermahlen monatlich an Besoldungen:

	Rthlr.	Gr.
Hr. Richter, Porsch und Familie . . .	60	16
Hr. Mecour und seine Frau	52	—
Hr. Mayer und seine Frau	39	—
Hr. Withoefft und seine Frau . . .	30	8
Hr. Bruck	34	8
Hr. Brückner und seine Frau . . .	43	8
Hr. Hohl und seine Frau	26	—
Mlle. Kornthalin	26	—
Hr. Bauer	26	—
Hr. Staudfuß	17	8
Hr. Haensel	13	—
Hr. Aulhorn	15	4
Hr. Müller	10	20
Der Theater-Schneider Mendel . . .	8	16
Der Theater-Meister Mau	8	16
Der Theater-Friseur Reißmann . . .	2	—
Der Rollen- und Noten-Schreiber Bernegger . . .	4	—

Thut monatl. 417 Rthlr. 8 Gr. also jährl. 5008 Rthlr. — Gr.

Hierzu kommen die dem Doebbelin vor
die Garderobe monatlich bonificirte
30 Rthl. jährlich mit . . . . . 600 Rthl. — Gr.
Bleibt mithin nach dem Bestallungs-
Decret des dimittirten Doebbelin à
6800 Rthl. dermahlen an Besoldung
und Garderobe quanti jährlich Ueber-
schuß die Summe von . . . . . 1192 Rthl. — Gr.
    Hierbei ist aber noch nichts von Theater-Bibliothek, Cor-
respondenz, Intermezzi und Papier gerechnet.
        Franz Christian Eckbrecht von Dürckheim."

Die Berechnungen des Herrn von Dürckheim be-
währten sich indessen nicht, denn der Hof, anstatt zu gewinnen, setzte bedeutend zu und die Hoftheater-Kasse
machte — Schulden. Um diesen abzuhelfen, wurden
noch am 20. September desselben Jahres die Gehalte
sämmtlich um ein Drittel reduzirt „bis auf bessere
Zeiten." (So mußte sich auch Herr von Dürckheim,
der eine Zulage von 200 Rthlr. erhalten hatte, einen
Abzug von 40 Rthlr. gefallen lassen.) Doch zugleich
wurde der Verwaltung gesagt, daß, wenn es über ein
Jahr nicht besser in der Kasse aussehen würde, es bei
der Reduktion der Gagen bleiben müsse.

So war denn das Theater ein Bestandtheil des
Hofes, ein wirkliches Hoftheater geworden; in
diesem Sinne führt auch der „Hof- und Adreß-
Kalender" vom Jahre 1758 dasselbe an. Dort
heißt es wörtlich:

„Hof-Theater

worüber der Herr Cammer-Junker Freiherr von Dürckheim
die Direction führen.

1) Acteurs.

Johann Andreas Bruck, welcher zugleich die Unterauf-
sicht hat,

Johann Christoph Richter,
Ludwig Mayer,
Johann Gottfried Brückner,
Christian Withoeft,
Heinrich Gottlob Haensel,
Andreas Hohl.

2) Actrices.

Johanna Regina Richterin,
Rosina Dorothea Porschin,
Catharina Magdalena Brücknerin,
Magdalena Elisabeth Mayerin,
Elisabeth Hohl.

3) Solo-Tänzer und Intermezzo-Sänger.

Johannes Bauer,
Johann Adam Aulhorn.

4) Solo-Tänzerin und Sängerin.

Francisca Kronthalin,
Josepha Withoeftin.

5) Uebrige zum Hof-Theater gehörige Personen.

Conrad Heinrich Porsch, Poet und Souffleur,
Johann Standtfuß, Concertmeister,
Gottlieb Haußknecht, Theater-Schuhmacher,
Sophia Hensel,
Christian Müller, Theater-Maler,

Johann Christian Mau, Theater-Meister,
Georg Bernegger,
· Johann Mendel,
Joseph Reißmann. "

Zur Vervollständigung mögen hier noch die Mitglieder der Hofmusik aus jenem Jahre folgen, wie sie
der Hof- und Adreßkalender vom Jahre 1758 angiebt.

Capell-Meister, Herr Johann Ernst Bach.
Hof-Organist,   =   Johann Caspar Vogler.
Hof-Hautboisten, =   Georg August Zahn.
     =   =   Johann Christoph Muscat.
     =   =   Johann Benjamin Weiß.
     =   =   Johann Georg Kellner.
     =   =   Johann Michael Wiener.
     =   =   Michael Laurentius Ernst.
     =   =   Heinrich Seiler.
     =   =   Andreas Beng.
     =   =   Johann August Werner.
     =   =   Immanuel August Heinrich Könitzer.
Hof-Pandorist   =   Joseph Doberszinsky.

Hierzu kamen noch acht „musikalische Trompeter" und
zwei „Pauker".

Das aufgefundene Material genügt leider nur zu
obigen Details und zur Feststellung der Thatsachen; über
die künstlerische Thätigkeit der Truppe giebt es keinen
Aufschluß. Ein aufgefundener geschriebener Zettel giebt
indessen den Genre der Darstellungen an; auch er mag
als Beleg wörtlich hier folgen.

„Montags den 9. Januar 1738.
Die Eifersüchtige Ehefrau,
ein Lust-Spiel vom Herrn Doler, in drey Aufzugen.
Personen.

Flaminia	Brücknerin
Helio	Brückner
Silvia	Porschin
Mario	Hobl
Pamphil	Withoeft
Geronte	Mayer
Colombine	Hoblin
Valentin	Bruck
Frontin	Haensel

Zwei Laquayen und ein Taglöhner.

———

Hierauf folget ein Nach-Spiel von Le Sage.
Crispin Rival de son Maitre.
Personen.

Hr. Oronte	Mayer
Fr. Oronte	Brücknerin
Angelique	Porschin
Valere	Brückner
Hr. Orgon	Richter
Lisette	Hoblin
Crispin	Bruck
La Branche	Hobl.

Das Ballet.
Der betrogene Bauer."

Leider hatte das junge Hoftheater-Institut keinen langen Bestand. Schon im Jahre darauf, 1738, starb

der Herzog Ernst August Constantin und die Truppe
mußte entlassen werden, wodurch denn das kaum be=
gründete Hoftheater schon wieder sein Ende erreichte.

Die Koch'sche Gesellschaft in Weimar.   1768—1771.

Bis zum Jahre 1768 blieb das Theater in Weimar
verwaist.   Damals befand sich der bekannte Prinzipal
Koch in Leipzig; durch mancherlei Unannehmlichkeiten
veranlaßt, stand er auf dem Punkte, seine Gesellschaft
aufzulösen, als ihn die Herzogin Anna Amalia nach
Weimar berief.   Die Chronologie erzählt den Vorfall
folgendermaßen: „Auf Veranlassung einiger Professoren
(Leipzig), welche die Bühne als der studirenden Jugend
schädlich vorgestellt hatten, kam (am 16. Juni) plötzlich
der Befehl, daß wöchentlich nur zweimal (Mittwochs und
Sonnabends) gespielt werden sollte.   Herr Koch ver=
suchte dies ein Vierteljahr, aber die Zuschauer kamen
um nichts zahlreicher.   Er schlug eine Subskription vor,
die aber nicht angenommen wurde.   Schon wollte er
seine Gesellschaft auseinander gehen lassen, als ihn die
Herzogin von Weimar zu sich berief.   Er schloß die
Bühne zu Leipzig den 17. Sept. (1768) mit den „Kan=
tidaten" und besuchte von nun an die Leipziger Messen."

Koch eröffnete die Bühne in Weimar schon am 25. September 1768 mit Schlegels „Herrmann" und einem musikalischen Prolog, gedichtet von Musäus und in Musik gesetzt von Joh. Adam Hiller; die erste Kundgebung des künstlerischen, schaffenden Geistes, der in Weimar, am Hofe Anna Amalia's, waltete, und der mit der Zeit so Großes und Herrliches zu Tage fördern sollte. — Koch blieb in Weimar bis Ostern 1771; er besuchte von dort aus nur die beiden jährlichen Leipziger Hauptmessen. 1769 erhielt er in Leipzig die Erlaubniß — als er am 29. April in Gegenwart des churfürstlichen Hofes gespielt hatte —, wieder viermal die Woche daselbst spielen zu dürfen, doch „der Kaltsinn der Zuschauer" erlaubte ihm nicht, von dieser Erlaubniß weitern Gebrauch zu machen. 1770 mußte Koch der Wäser'schen Gesellschaft gestatten, auf seinem Leipziger Theater zu spielen, was ihn im folgenden Jahre veranlaßte — um sich dieser gefährlichen Konkurrenz zu entledigen —, seinen Weimarer Aufenthalt ganz aufzugeben und fortan nur in Leipzig zu spielen. Doch es gelang ihm nicht mehr, daselbst festen Fuß zu fassen und noch im selben Jahre sah er sich genöthigt Leipzig zu verlassen und mit seiner Gesellschaft nach Berlin zu ziehen. —

Das Repertoir der Koch'schen Gesellschaft in Weimar bestand aus den meisten der damals gangbaren Stücke, doch zeichnete es sich besonders aus durch die „Ope-

2*

retten", eine damals neue Gattung von Darstellungen, die Koch gleichsam auf der deutschen Bühne eingeführt hat, und deren Repertoir von Weimar aus, von dort weilenden und schaffenden Dichtern und Musikern bedeutend vermehrt wurde.

1752 hatte Koch den ersten Versuch auf diesem Gebiete mit dem alten Singspiel „Der Teufel ist los" gemacht. Weisse hatte es neu bearbeitet und Standfuß, der Korrepetitor seiner Gesellschaft, dasselbe in Musik gesetzt. Bald folgten „Lottchen am Hofe", „die Liebe auf dem Lande", von Weisse und Hiller. In Weimar erschienen dann „das Rosenfest", nach dem Französischen des Favart, von Heermann, dem Lehrer der beiden Prinzen Carl August und Constantin, und „das Gärtnermädchen", von Musäus, beide mit Musik von E. W. Wolf, dem fürstlichen Konzert= und spätern Kapellmeister; und am 29. Januar 1770 führte Koch's Gesellschaft zu Weimar zum ersten Male auf: „Die Jagd", von Weisse und Hiller, vom Dichter und Komponisten der Herzogin Anna Amalia gewidmet.

Weimar war demnach die Wiege der Operette, des Singspiels, wie es in der nun folgenden Epoche die der ersten großen deutschen Oper werden sollte.

Die Koch'sche Gesellschaft selbst zählte — nach einem fast gleichzeitigen Verzeichniß — folgende Mitglieder:

Heinrich Gottfried Koch, Prinzipal, geb. 1703 zu Gera, gest. 1775 zu Berlin; verheirathet seit 1748 mit der Folgenden.

Christiane Henriette Koch, geborne Merleck, geb. um 1730; entsagte dem Theater nach dem Tode ihres Gatten 1775; gest. um 1805 zu Berlin.

Johann Gottfried Brückner, geb. 1730 zu Ilmersdorf in Sachsen, gest. 1786 zu Berlin; ver= heirathet seit 1756 mit der Folgenden.

Katharina Magdalena Brückner, geborne Kleselder, geb. 1719 auf dem Königstein bei Dresden, dann verehlichte (1750) Klotsch; trat 1791 vom Theater zurück; gest. um 1800.

Hr. Klotsch, Sohn der Vorigen aus erster Ehe, geb. um 1752; gest. als fürstlicher Tanzlehrer in Köthen.

Johanna Christiana Stark, geborne Gerhard, geb. 1732 zu Breslau.

Mad. Steinbrecher, geb. 1705.

Mad. Hübler, geborne Steinbrecher, geb. 1733, gest. von ihrem Manne geschieden zu Riga.

Johann Karl Löwe, geb. 1731 zu Dresden.

Katharina Magdalena Löwe, geborne Ling, geb. 1745 zu Dresden. Sie war das erste Hannchen in der Hiller'schen „Jagd."

Christian Leberecht Martini, geb. um 1720 zu Leipzig; zugleich Schriftsteller für die Bühne.

Christian Gottlieb Henke, geb. 1740 zu Seelwig bei Dresden.

Anna Christiane Henke, geborne Schick, geb. 1753 zu Hildburghausen.

Johanna Friederike Schick, geb. 1754 zu Hildburghausen; verließ 1776 das Theater und heirathete den Fürstl. Würtemberg-Oels'schen Stallmeister Menzel.

Charlotte Dorothea Huber, geb. 1762 zu München.

Hr. Herlitz, geb. um 1740 zu Schwerin; starb 1776 auf St. Helena, als Soldat auf einem Ostindienfahrer.

Karl Wilhelm Witthöft, geb. um 1735 zu Leipzig, gest. 1798 am 28. Februar zu Mannheim.

Simon Schmelz, geb. 1735 zu Mannheim, gest. 1785.

Mad. Schmelz, geborne Hettler, geb. 1728 zu Bergen bei Frankfurt, gest. 1776 zu Breslau.

Hr. Hübler, geb. um 1750.

Daniel Wolland, geb. 1746 zu Danzig, gest. um 1805 blind im Spital zu Breslau.

Ausführliche und scharfe Kritiken über obige Persönlichkeiten bringt das „Magazin zur Geschichte des deutschen Theaters, Halle 1773," dem vorstehendes Verzeichniß entnommen ist.

Die Seyler'sche Gesellschaft in Weimar. 1771—1774.

Im September 1771 erſetzte Seyler mit ſeiner Ge=
ſellſchaft den zu Oſtern deſſelben Jahres abgezogenen
Prinzipal Koch. Von Wetzlar, wo er zuletzt ſich aufge=
halten und geſpielt, hatte ihn die Herzogin Anna Amalia
nach Weimar berufen. Die Bedingungen, unter denen
er ſpielen ſollte, waren die vortheilhafteſten. Die
Geſellſchaft war zu dreimaligem Auftreten in der
Woche verpflichtet und erhielt dafür von der Herzogin
eine anſehnliche Summe, welche wöchentlich bezahlt
wurde; ſodann noch alles Nöthige, das Theater im
Schloſſe, das Orcheſter, „ſogar Wein und Speiſen,
wenn es einem Dichter eingefallen, in einem Stücke an=
richten zu laſſen.“ Zu den Stücken und Balleten, welche
neue Kleider und Dekorationen erforderten, lieferte die
Herzogin auch dieſe auf ihre Koſten. Dafür aber ſpielte
die Geſellſchaft nur vor geladenen Gäſten des Hofes,
welche Einladungen ſich jedoch keineswegs auf den engern
Kreis der Hofgeſellſchaft beſchränkten.

Hier noch die Bemerkung, daß das mit Dekorationen
gut ausgeſtattete Theater ſich in dem untern Saale der
Wilhelmburg zur ebenen Erde befand, alſo ungefähr an
der Stelle, wo jetzt in dem neuen Schloſſe die Wohnungen
der Diener und die Hofküche ſich befinden, d. h. in der
zweiten Hälfte des nach der Ilm zu liegenden Schloß=
flügels.

Am 7. October begann die Seylersche Gesellschaft ihre Vorstellungen mit der „Eugenie" von Beaumarchais und dauerten solche ununterbrochen fort bis zum Schloßbrande, 6. Mai 1774.

Während dieser Zeit erschien eine ziemliche Menge neuer Werke von einheimischen Dichtern und Musikern — Musäus, Bertuch, Wieland, Einsiedel, Seckendorf, Wolff und Schweitzer, dem damaligen Kapellmeister der Seylerschen Gesellschaft — auf der Weimarer Bühne, unter denen vor allen die „Alceste" von Wieland und Schweitzer hervorzuheben wäre, welche Oper am 28. Mai 1773, mit der Koch in der Titelrolle, zum ersten Mal zur Aufführung kam und, die erste deutsche Oper, den eigentlichen Anfang unserer heutigen Oper, bildet*).

Weimar war demnach zu jener Zeit schon, im eigentlichen Sinne des Wortes, in musikalischer Beziehung, was es später durch Goethe und Schiller in poetischer werden sollte, und wer weiß, was es für das musikalische Drama noch alles gethan haben würde, wenn der unglückliche Schloßbrand nicht allen derartigen künstlerischen Bestrebungen so plötzlich und gewaltsam ein Ziel gesetzt hätte. —

Das früher erwähnte „Magazin" hat uns in dem Artikel: „Sendschreiben über die Eckhof'sche (Seyler'-

---

*) Siehe Anhang XXIV.

sche) Gesellschaft" das vollständige Repertoir derselben, vom 7. Oktober 1771, bis zum 29. Mai 1772, theilweise mit ganzer Besetzung und scharfer Kritik der Darstellungen, aufbewahrt, woraus wir zugleich das Personal der damaligen Weimarer Bühne, während jener Epoche, kennen lernen. Es weist in alphabetischer Ordnung folgende Namen nach:

Abel Seyler, Director (nicht als Schauspieler thätig), geb. um 1740, verheirathet 1772 (siehe Mad. Hensel); pensionirt als Direktor des Hoftheaters in Schleswig 1792.

Johann Michael Boeck, geb. 1743 zu Wien, gest. am 18. Juli 1793 zu Mannheim. — Er war verheirathet mit der Folgenden.

Sophie Elisabeth Boeck, geborne Schulz, geb. um 1745 zu Lauenburg; pensionirt 1799 in Gotha.

Johann Jacob Christian Brandes, geb. 1738 zu Stettin, gest. 1799; war zugleich dramatischer Dichter. Verheirathet seit 1764 mit der Folgenden.

Esther Charlotte Brandes, geborne Koch, geb. 1746 zu Kosinsry in Lithauen, gest. 1797 in Hamburg.

Karl August Dobler, geb. um 1735 zu Eisenach.

Christiane Dobler, geborne Ilgener, Gattin des Vorigen, geb. um 1745 zu Dresden.

Conrad Eckhof, geb. am 12. August 1720 zu Hamburg, gest. am 10. Juni 1778 zu Gotha als Direktor des dortigen Hoftheaters.

Friedrich Günther, geb. um 1745 im Holsteinischen.

Hr. Heinzius.

Johann Gottlieb Hensel, geb. 1728 zu Hubertsburg, gest. 1787 zu Freiburg im Breisgau. — Verheirathet seit 1755 mit der Folgenden.

Sophie Friederike Hensel, geborne Sparmann, geb. 1738 zu Dresden. Geschieden im November 1772 von ihrem Manne, heirathete sie in Weimar Hrn. Seyler; gest. 1790 in Schleswig.

Herr und Mad. Kirchhöfer.

Herr Knödel.

Friedrich Karl Koch, geb. um 1740 zu Kosanten in Preußen, gest. 1794 am 19. Februar in Berlin.

Franziska Romana Koch, geborne Giraneck, geb. 1748 in Dresden, gest. 1796 ebendaselbst. Hochberühmte Sängerin; die erste Alceste, als solche von Wieland und Andern besungen.

Herr Liebig.

Susanne Mecour, geborne Preisler, geb. 1738 in Frankfurt, gest. 1784 in Berlin.

Wilhelm Christian Dietrich Meyer, geb. 1749 zu Hamburg; gest. 1782 zu Mannheim.

Mademoiselle Niebuhr.

Mad. Röder, geborne Lucius, heirathete 1772 einen Herrn Röder in Weimar.

Hierzu kamen während der Zeit noch mehrere andere Mitglieder, von denen ich noch nennen kann:

Charlotte Wilhelmine Franziska Brandes, eine der berühmtesten Sängerinnen ihrer Zeit; den Namen Minna erhielt sie von ihrem Pathen Lessing. Sie war geboren 1755 zu Berlin und starb 1787 am 3. Juni zu Hamburg.

Karl Hellmuth, Tenorsänger (Admet in der Alceste) starb zu Mainz als Violinist der Churfürstlichen Hofkapelle. Er war verheirathet mit der Folgenden.

Josepha Heisin, geboren zu München; heirathete in Weimar den Vorigen und starb als Kammersängerin des Churfürsten von Mainz.

So weit das Personal-Verzeichniß der Seylerschen Gesellschaft.

Aus dem reichhaltigen Repertoir wären etwa noch folgende Vorstellungen hervorzuheben:

1771.

7. Oktober. „Eugenie" von Beaumarchais. Mad. Hensel — Eugenie; Hr. Boeck — Carendon; Hr. Eckhof — Baron Härtly.

8. Oktober. „Codrus". Hr. Eckhof — Titelrolle.

Vom 10. — 20. Oktober wegen Inokulation der Blattern des Erbprinzen Carl August geschlossen.

24. Oktober. Zum Geburtstag der Herzogin Anna

Amalia: „Die Stufen des menschlichen Alters," ein Vorspiel von Musäus mit Musik von Schweitzer, dazu: „Zelmire" Trauerspiel. Mad. Hensel — Zelmire; Hr. Eckhof — Politor.

29. Oktober. „Der Hausvater" von Diderot. Eckhof — die Titelrolle.

8. November. „Miß Sara Sampson" von Lessing. Mad. Mecour — Titelrolle; Eckhof — Mellefont.

4. Dezember. „Der Freigeist" von Lessing. Hr. Boeck — Adrast; Eckhof — Lisimon.

1772.

7. Januar. „Minna von Barnhelm" von Lessing. Mad. Brandes — Minna; Mad. Mecour — Franziska; Eckhof — Tellheim; Hr. Boeck — Riccault; Hr. Brandes — Werner; Hr. Hensel — Just; Mad. Boeck — Dame in Trauer.

8. Januar. „Orest und Elektra" von Gotter. Eckhof — Aegisth; Mad. Mecour — Elektra; Hr. Boeck — Orest.

9. Januar. „Der Bauer mit der Erbschaft." Eckhof — Titelrolle.

13. Januar. „Der Geizige." Eckhof — Titelrolle.

24. Februar. „Le bourru bienfaisant." Eckhof — Titelrolle.

13. Mai. „Die neugierigen Frauenzim=

mer" von Goldoni; und zum ersten Male: „Pyg=
malion" nach Rousseau; Musik von Schweitzer.
Hr. Boeck. — Pygmalion; Mad. Koch — Galathea.

1773.

28. Mai. „Alceste" von Wieland, Musik von
Schweitzer. Mad. Koch —Alceste; Mad. Hellmuth
— Parthenia; Hr. Hellmuth — Admet; Hr. Günther
— Hercules.

1774.

3. Mai. „Der bürgerliche Edelmann;" die
letzte Vorstellung, indem am (4.) 6. Mai Feuer im
Schloße ausbrach und nicht allein Schloß und Theater
in Asche legte, sondern auch alles bisher Erreichte gewalt=
sam zerstörte, alle fernern Aussichten und Hoffnungen,
die Bühne in Weimar zu befestigen und Drama und
Oper zu fördern, gänzlich vernichtete.

Die kunstsinnige Herzogin sah sich genöthigt, die
Seylersche Gesellschaft zu entlassen und diese zog denn
auch, sogleich nach der unglücklichen Katastrophe, nach
Gotha, wo der Herzog noch in demselben Jahre die
ganze Truppe selbständig übernahm und ein stehendes
Hoftheater errichtete, welches indessen 1779, nach dem
Tode Eckhofs, plötzlich aufgehoben wurde, worauf die
meisten Mitglieder der Gesellschaft nach Mannheim
gingen und dort den Kern des neuen Nationaltheaters
unter Herrn von Dalberg bildeten.

Bellomo und seine Gesellschaft in Weimar.   1784—1791.

Nach Seylers Abgang beginnt für Weimar ein eigen=
thümliches, höchst originelles Theaterleben: Die Epoche
der fürstlichen Liebhaberbühne, von 1775 —
1783, unter Goethes thätigster Mitwirkung.   Vieles
Interessante ist über diese merkwürdige Zeit schon ver=
öffentlicht worden*), doch harrt sie noch immer einer
Darstellung, die sie erschöpfend, mit allen nöthigen De=
tails, als vollständiges, farbenreiches Bild dem Leser vor=
führe.   Unmöglich ist es, diese Epoche mit wenigen Worten
zu schildern; auch kann es nicht die Aufgabe dieser Blätter
sein, allgemein Bekanntes weniger ausführlich vorzu=
führen.   Nur Thatsachen, Nachrichten, theilweise unbe=
kannte Details, sich auf die ältern Schauspieltruppen in
Weimar beziehend, sollen hier kurz und bestimmt wieder=
gegeben werden, und so müssen wir denn diese schöne,

---

*) Dr. A. Pencer, „Das Liebhaber=Theater am Herzogl.
Hofe zu Weimar“, im „Weimar=Album“. 1840. — Wachs=
muth, „Weimars Musenhof“. 1844. — C. W. Weber,
„Was Weimar in der zweiten Hälfte des vorigen Jahrhunderts
für die Oper that“, im „Weimarer Sonntagsblatt“. 1836.
Nr. 7—13. — Diezmann, „Die lustige Zeit in Weimar“.
1857. — Desselben „Weimar=Album“. — Ed. Devrient,
„Geschichte der deutschen Schauspielkunst“. Bd. 3. Abschn. VII.
— Besonders noch wichtig durch die Menge interessanter und
zum Theil unbekannter Notizen ist das kleine, treffliche „Carl=
August=Büchlein“ von Schöll, Weimar 1857.

lustige Zeit überspringen, den Wißbegierigen auf die in
der Anmerkung angeführten Aufsätze und Bücher, zugleich
auch auf den später folgenden Abschnitt: „Die Vertreter
der Musik am Hofe zu Weimar von 1756 — 1832,"
und die Abschnitte XXIII und XXIV verweisend.

Die fürstliche Liebhaberbühne, die man nach Lust und
Laune bald im Ettersburger Walde, bald in Tiefurts
Park, an den Ufern der Ilm, bald wieder in Belvedere,
und dann wieder in den Gemächern der verschiedenen
fürstlichen Residenzen aufgeschlagen —

„ — In engen Hütten und im reichen Saal,
Auf Höhen Ettersburgs, in Tiefurts Thal,
Im leichten Zelt, auf Teppichen der Pracht,
Und unter dem Gewölb der hohen Nacht — "

hatte in Weimar selbst nur ein ganz bescheidenes Asyl
und zwar in dem damaligen Hauptmann'schen Hause an
der Esplanade, welches der Eigenthümer (Hofjäger
Hauptmann, Bau- und Fuhr-Unternehmer) auf Speku-
lation für die Maskenbälle, Redouten hatte errichten
lassen. Bis jetzt hat man geglaubt, daß aus diesem
Hauptmann'schen Hause das spätere Hoftheater-
Gebäude entstanden, doch dem ist nicht also. Schade,
in seinen „Didaskalien" (Minerva 1858. Bd. II.
Heft 1) theilt darüber Folgendes mit:

„Als das Haus (Hauptmann hatte sich verspekulirt
und gerieth in drückende Umstände), in andere Hände

überging — Präsident von Kalb kaufte es — mußten
die Musen und Masken emigriren und es war kein
Raum in der Stadt, der sie hätte aufnehmen können.
Da erbarmte sich die verwittwete Herzogin Anna Amalia
der Flüchtlinge und schuf ihnen ein neues, besseres, noch
einmal so großes eigenes Lokal, und zwar hinter ihrem
Palais, grade auf dem Platze, wo noch jetzt das Theater
steht, dessen erste Grundlage es somit ward. Es wurde
dieser Bau gegen Pfingsten 1779 begonnen und noch
in der guten Jahreszeit vollendet. Er bestand aus nur
einem Stockwerk, das aber so hoch war als sonst zwei
Geschosse zu sein pflegen, enthielt einen geräumigen Tanz-
saal, oben mit einer Gallerie versehen, der zugleich bei
Komödien das Parterre bildete, dann das Theater, das
unbeweglich und recht geräumig war. Im Hintergrund
desselben gingen zwei große Flügelthüren nach dem Garten
zu, wenn diese geöffnet wurden, konnte der Prospekt sehr
erweitert, auch allerlei Feuerwerk und Illuminationen
außer dem Hause vorgenommen werden. Hinter dem
Saale, der Bühne gegenüber, waren allerlei kleine Zimmer, drei neben einander, und zwei nebst einer Küche
dahinter, zur Bequemlichkeit der Masken. Für reich-
lichen Aus- und Eingang war gesorgt, das Haus hatte
acht Thüren. Die Einweihung dieses neuen Schau-
platzes mußte bis in den Anfang des folgenden Jahres
1780 verschoben werden, da man erst die Rückkehr des
Herzogs abwarten wollte, der bekanntlich damals mit

Goethe und Wedel einen mehrmonatlichen Ausflug nach
der Schweiz unternommen hatte.   Am 7. Januar 1780
war die erste Redoute darin."

In dieses Haus nun berief der junge Hof, als die
Lust am Komödien=Spielen etwas nachgelassen, 1783
den Prinzipal Bellomo, der mit seiner Gesellschaft zu
jener Zeit in Dresden, im Link'schen Bade, spielte.   Man
schloß einen förmlichen Vertrag mit ihm ab und schon
zu Ende desselben Jahres begann er seine Vorstellungen
in Weimar und in obigem Hause*).

Das Personal, mit welchem Bellomo Ende 1783 in
Weimar einzog, war folgendes:

„Prinzipal und Director: Hr. Joseph Bellomo;
Musikdirektor und Correpetitor: Hr. Grampel (wurde
im folgenden Jahre durch den bekannten Musiker J.
Kranz ersetzt); Kassierer: Hr. Steinmüller; Ma=

---

*) Das nun folgende Personal=Verzeichniß ist dem Go=
thaischen Theater=Kalender vom Jahre 1784 entnommen.   Der=
selbe theilt vorerst in gewöhnlicher Weise den Bestand der Ge=
sellschaft mit, und zwar mit dem ausdrücklichen Bemerken:
„Aufenthalt, Dresden im Linkischen Bade".   Im Nachtrag
desselben Kalenders findet sich die Gesellschaft noch einmal ver=
zeichnet, und zwar mit folgender Bemerkung: „Aufenthalt im
Sommer Dresden, im Winter Weimar".   Da obiges Büch=
lein vor Ende des Jahres 1783 erschien, Reichardt (der Her=
ausgeber) seine Vorrede im September 1783 schrieb, so dürfte
es wohl außer Zweifel sein, daß Bellomo schon zu Ende 1783
Vorstellungen, etwa zur Probe, in Weimar gegeben.

schinist: Hr. Klemm; Garderobier: Hr. Schütz;
Souffleur: Hr. Lucca; Partienschreiber: Hr. Voß.

Schauspielerinnen: Mad. Ackermann, erste Lieb=
haberinnen, singt erste und zweite Rollen in der Oper.
Mad. Bellomo, Bravour=Rollen im Singspiel, Lieb=
haberinnen. Mad. Duny, Heldinnen, Mütter, tanzt.
Mad. Fritsch, komische Mütter im Singspiel, Ver=
traute. Mademoiselle Fürich, alternirt mit Mad. Acker=
mann, figurirt. Mademoiselle Jagdstein, zweite
Singrollen, dritte Liebhaberinnen. Mad. Leonhard,
komische Mütter, figurirt. Mad. Miersch, kleine Neben=
rollen, figurirt. Mad. Simoni, erste Solotänzerin.
Mad. Voß, zweite Liebhaberinnen, figurirt. Mad.
Walther, erste Soubretten, singt und figurirt.

Schauspieler: Hr. Ackermann, komische Alte im
Singspiel, Bediente, figurirt; Hr. Bellomo, Liebhaber
im Lust= und Singspiel; Hr. Duny, Nebenrollen, tanzt.
Hr. Eggelrecht, polternde Alte, singt und figurirt;
Hr. Felser, Könige, Helden, figurirt; Hr. Früh=
bach, dritte Liebhaber, figurirt; Hr. Grießbach,
Geistliche, tanzt; Hr. Leonhardt, erste Liebhaber im
Trauer=, Lust= und Singspiel, figurirt; Hr. Meier,
Chevalier, figurirt; Hr. Metzner, komische Alte, figu=
rirt; Hr. Miersch, Alte, Militairs, figurirt; Hr.
Pfüller, Väter, komische Alte, singt und figurirt;
Hr. Reiherr, Bauern, Bediente, figurirt; Hr.
Schopper, niedrig=komische Rollen im Lust= und

Singspiel, figurirt; Hr. Simoni, Vertraute, tanzt; Hr. Voß, Nebenrollen; Hr. Wachter, zweite Lieb= haber, figurirt; Hr. Wachsmuth, Kinderrollen.

Ballet: Hr. Simoni, Balletmeister und erster Solotänzer; Mad. Simoni, erste Solotänzerin; Hr. und Mad. Duny, zweites Pas-de-deux; Hr. Gries= bach und Mad. Fritsch, drittes Pas-de-deux.

Spieltage. Auf dem Hoftheater in Weimar: Diens= tag, Donnerstag, Sonnabend. — Bei der Gesellschaft sind meistentheils aus dem Italienischen übersetzte Opern im Gange."

Mit dieser Gesellschaft gab Bellomo noch zu Ende des Jahres 1783 Vorstellungen, wahrscheinlich zur Probe, in Weimar, worauf der abgeschlossene Kontrakt in Gültigkeit trat, und am 1. Januar 1784 in aller Form die Saison eröffnet wurde und zwar mit der „Mari= anne" von Gotter, in welchem Schauspiel ein Theil der Ge= sellschaft förmlich debütirte. Die Besetzung war folgende: Mad. Ackermann — Titelrolle; Hr. Pfüller — Präsident; Mad. Duny — Präsidentin; Hr. Bellomo — Baron; Hr. Leonhard — von Walther; Hr. Fel= ser — Geistlicher; Herr Duny — Bediente Philipp.

Am 3. Januar wurden „die eingebildeten Philosophen" gegeben, worin noch weiter debütirten: Hr. Ackermann — Petronio; Mad. Bellomo — Clarisse; Hr. Frühbach — Phocion; Hr. Lucca — Macobio.

3*

Im Laufe der Jahre und des Aufenthalts in Weimar gingen manche der genannten Mitglieder der Gesellschaft ab, manche neue Namen kamen hinzu. Von letztern wären vorzugsweise die zu nennen, welche später, 1791, als Mitglieder des neu errichteten Hoftheaters blieben, oder zu einer künstlerischen Bedeutung gelangten.

Es sind dies:

Mad. Kummerfeld, die langjährige Kollegin und Freundin Schröders: debütirte Ende 1784, ging aber schon im folgenden Jahre gänzlich vom Theater ab.

Hr. und Fran Neumann, debütirten: er Ende 1784 als Carl Moor in den Räubern, sie zu Anfang des Jahres 1785 als Gräfin in Jeanette. Neumann starb am 25. Febr. 1791. Ueber Beider Tochter „Euphrosyne" siehe die mit obigem Namen bezeichnete größere Episode.

Hr. und Mad. Weyrauch, ein bedeutendes Sänger= paar, traten ihr erstes Engagement in Weimar an im März 1785, doch noch im selben Jahre gingen sie wieder ab, um später unter Goethe's Leitung zurückzukehren.

Hr. und Mad. Kaselitz, ihrer Zeit renommirte Dar= steller, debütirten im Frühjahr 1785 und blieben bis Ende 1787.

Hr. Burgmüller, debütirte am 3. Sept. 1785; war zugleich Mitdirektor des ganzen Unternehmens, doch ging er schon im folgenden Jahre wieder ab.

Hr. Einer (Kracke) trat ein im März 1786 und entfernte sich heimlich von Weimar Ende 1790. Unter

Goethe ist er wieder thätig, und werden wir ihm später
nochmals begegnen.

Hr. Demmer, der ältere, gehörte der Bellomo'schen
Gesellschaft an von 1786—1787. Ein jüngerer Bruder
heirathete eine Dem. Krüger, Schwester des bekann=
ten Schauspielers Carl Krüger (auf den wir später zu=
rückkommen werden). Dieselbe hatte ebenfalls im Okto=
ber 1786 debütirt und Beide gingen 1787 ab. Den
jüngeren Demmer treffen wir unter Goethe's Direktion
engagirt.

Hr. Hunnius, der ältere, geb. 1762; in Weimar
von 1786—1787; kehrte später zurück.

Hr. Malcolmi, debütirte am 2. Febr. 1788 als
Oberförster in den Jägern. Seine erste Gattin war
in Weimar nicht thätig, dafür aber seine beiden ältesten
Töchter, welche ebenfalls im selben Jahre debütirten.
Wir werden später auf die Familie zurückkommen.

Hr. Domaratius, jugendlicher Liebhaber in Oper
und Schauspiel, debütirte im Frühjahr 1789 und blieb
bei Gründung des Hoftheaters.

Dies wären etwa die Mitglieder von Bedeutung, die
während der Bellomo'schen Entreprise in Weimar thätig
waren.

Zu Ostern 1791 ging der Kontrakt mit Bellomo zu
Ende und der Hof übernahm das Theater, die Gesell=
schaft selbstständig. Mit der letzten Vorstellung Bello=

mo's — er schloß am 5. April mit einer Abschiedsrede
von Vulpius, gesprochen von Madam Ackermann —
endet die Uebergangs-, die Vorbereitungs-Epoche, und die
der künstlerischen Vollendung, die Epoche Goethe's,
Schiller's, von der größten Tragweite für die Entwicklung
deutscher dramatischer Dichtkunst und theatralischer Darstellung, beginnt.

— — —

Wenn wir die in den vorstehenden Zeilen gegebenen,
kurzen doch thatsächlichen Notizen rekapituliren, so er-
giebt sich folgendes Resultat:

Mit dem Einzug der Herzogin Anna Amalia in
Weimar beginnt die dramatische Kunst, unter der Pflege
der gebildeten und kunstsinnigen Fürstin, zum ersten Male
festen Fuß am Weimarer Hofe zu fassen: Ein förm-
liches Hoftheater wird 1757 daselbst gegründet.

Durch das, leider schon im nächsten Jahre, 1758,
erfolgte Ableben des Herzogs Ernst August Constantin
zerfällt das junge, kaum organisirte Institut und sein
frisches, kräftiges Emporblühen wird gewaltsam unter-
brochen, zerstört. Die Fürstin sucht nunmehr durch
Musik ihren künstlerischen Sinn zu befriedigen, und der
bekannte Komponist und Kapellmeister E. W. Wolff
(Siehe den Abschnitt: „Die Vertreter der Musik am
Hofe zu Weimar") wird ihr Lehrer und Führer auf
diesem Gebiete.

Als 1768 die Koch'sche Gesellschaft in Weimar einge=
zogen, sehen wir als nächste Folge dieses Musiktreibens der
Herzogin die ersten deutschen Operetten unter
ihren Augen erstehen.

Seyler mit seiner vortrefflichen Gesellschaft ersetzt
1771 Koch, und nun wird dem Drama wie der Musik
wieder gleiche Rechnung getragen. Die bedeutendsten
Namen der deutschen Schauspielkunst, Eckhof voran, sind
thätig und sorgen dafür, daß die Neigung zu den drama=
tischen und musikalischen Darstellungen nicht allein nicht
erkaltet, sondern stets wächst und zunimmt, und hervor=
ragende Größen, Koriphäen der Literatur — Wieland
an der Spitze —, der musikalischen Welt, sind dafür
produktiv thätig.

Der unglückliche Schloßbrand 1774 hemmt aber=
mals dieses schöne, gewiß folgenwichtige künstlerische Leben
und Treiben. Doch erhält es bald darauf, durch Goethe's
Einzug in Weimar (November 1775), neue Nahrung,
neuen Aufschwung, doch auch wieder eine andere, idealere,
phantastischere Richtung. Der junge Hof, Carl August,
von gleicher Neigung wie die fürstliche Mutter beseelt,
unterstützt von dem gewaltigen, gährend schaffenden Geiste
Goethe's, führen frischweg Komödien, Darstellungen
der absonderlichsten Art, des verschiedensten und buntesten
Inhalts und in den abentheuerlichsten Formen auf, alles
Mögliche, selbst das scheinbar Unmögliche auf diesem Ge=
biete versuchend und ins Leben rufend: eine wahre Epoche

der Läuterung, wodurch wieder die gesammten künstle=
rischen Neigungen in schönster, vollster Thätigkeit blieben.

Doch nach etwa zehnjährigem derartigen Produciren
und Reproduciren läßt die Lust an der Darstellung selbst
nach. Goethe wird ernster, nimmt thätigern Antheil an
den Staats=Geschäften und in anderer Weise mußte nun=
mehr für die Befriedigung der Lust, des Vergnügens an
dramatischer und theatralischer Kunst gesorgt werden. Da
wurde 1783 Bellomo mit seiner Gesellschaft engagirt.
Sieben Jahre genügten scheinbar seine Leistungen. Doch
war man mit der Zeit wohl sicher zu der Ansicht gelangt,
unter eigener Leitung Besseres, Vollendeteres schaffen zu
können. Hierzu kam noch, daß, nachdem Goethe sich
wieder von den Geschäften zurückgezogen, eine andere
Beschäftigung, wohl auch Stellung für ihn gefunden
werden mußte. So ergriff denn Carl August diese Ge=
legenheit und gründete durch Kündigung des Kontrakts mit
Bellomo und Uebernahme seiner Gesellschaft, 1791 das
Hoftheater, Goethe als obersten künstlerischen Leiter, mit
unumschränkter Vollmacht, an die Spitze des ganzen
Instituts stellend. Von diesem Augenblicke an beginnt
die neue goldne Zeit der Weimarer Bühne, der deutschen
dramatischen Kunst, aus welcher bedeutungsvollen Epoche
wir in den folgenden Blättern einzelne Episoden, wenn
auch nur in ihren äußern Formen, dafür aber in den
genauesten und treuesten — weil urkundlichen —
Umrissen kennen lernen werden.

II.

Erwerbungen für das neue Hoftheater, 1791.

——— —

Herr und Frau Amor und Herr von Blumenthal-Becker; Regisseur
Fischer, seine Frau und Genast. Eröffnung des neuen Hoftheaters;
„Die Jäger“ von Iffland. Personal.

Herr und Frau Amor und Herr von Blumenthal-Becker.

Die Uebernahme der Bellomo'schen Gesellschaft durch den Weimarer Hof muß schon bei der Kündigung des Kontraktes mit obigem Prinzipal, zu Ende des Jahres 1790, beschlossene Sache gewesen sein. Doch scheint man das Vorhaben selbst noch ziemlich geheim gehalten zu haben, denn Kirms munterte noch im Januar 1791 persönlich den Unternehmer Joseph Seconda in Leipzig auf, sich um das Weimarer Hoftheater zu bewerben, was Seconda auch unterm 26. Januar 1791 that*), doch natürlich ohne Erfolg. Nun wurde das Geheimniß

---

*) Das hierauf bezügliche Schreiben Seconda's an Kirms lautet:

„Leipzig, den 26. Jenner 1791.

Wohlgeborner,

Hochzuehrender Herr Land-Kammer-Rath.

Dero mir hier gütigen ertheilten Rath durch ein Memorial bey dem Hof-Marschall-Amte wegen Erlangung des Weimarischen Hof-Theaters, einzukommen, habe ich befolgt. Dieses Memorial wird heute ebenfalls dahin abgegeben werden, und bin dahero so frey, Ew. Wohlgeboren zu ersuchen, mir Dero fernere gütige Unterstützung nicht zu versagen, durch welche

auch nicht mehr so streng gewahrt und schon begannen
verschiedene der damaligen Theaterblätter die Neuigkeit
zu verbreiten. Eine „Fürstliche Theater=Commission"
wurde gebildet, die die Angelegenheiten des neuen Hof=
theaters reguliren sollte, welche zugleich unter dem Her=
zoglichen Hofmarschall=Amte stand und so einen Theil
dieser obersten Hof=Behörde bildete *). Goethe, als Ober=
leiter des neuen Instituts, erhielt den als gewandten Ge=
schäftsmann bekannten, und sich auch ferner also bewäh=
renden Land=Kammer=Rath und Assessor des Hofmar=

Gewährung ich mir im Voraus schon einer erfreulichen Resolution versehe.

Auch habe ich Ew. Wohlgeboren die Ehre zu melden, daß
Herr und Mad. Buchard aus Graz angekommen sind, sie
haben mir von ihren theatralischen Verdiensten nicht zuviel
geschrieben: ich habe sie und ihre Tochter nur am Flügel
singen gehört, welchen sie selbst sehr brav spielt, und bin in
meinen Erwartungen übertroffen worden. Durch diese neuen
Mitglieder hat meine Gesellschaft würklich einen großen Glanz
erhalten.

Schlüßend schmeichle ich mir mit der Hoffnung, daß Ew.
Wohlgeboren meine Freiheit nicht ungütig aufnehmen und
meine Bitte nicht ohne Erfüllung lassen werden. Der ich aber
jederzeit mit der größten Hochachtung verharre

Ew. Wohlgeboren ergebenster Diener
Joseph Seconda."

*) Die Weimarer Hoftheater=Intendantur stand noch bis
1857 unter obiger Behörde, bis in letztem Jahre Franz
Dingelstedt die Leitung des Hoftheaters unter der Bezeich=

schall-Amts Kirms*) zur Seite, dem die Besorgung
und Verwaltung der ökonomischen und materiellen Ange=
legenheiten des Instituts — doch auch zugleich thätig in
den künstlerischen Theil desselben mit eingreifend, wie wir
in der Folge zur Genüge sehen werden —, demnach ein
Haupttheil der Geschäfte, der Arbeit, ganz allein oblagen.
Die Vorbereitungen begannen nun, und Unterhandlungen
mit talentvollen Darstellern wurden angeknüpft, um das
vorhandene Personal zu ergänzen, zu verbessern.

Eine dieser ersten Verbindungen mit neu zu engagi=
renden Schauspielern, die man entrirte, war mit Herrn
und Frau Amor.

Frau Caroline Amor, eine im Fach der Köni=
ginnen, tragischen und komischen Müttern zur Zeit wohl=
renommirte Künstlerin, war eine geborne Amberg. Sie
heirathete zu Stralsund den Hofrath Ungnade, betrat
dann 1775 als Madam Naumann das Theater zu
Linz, und verheirathete sich daselbst zum zweiten Male mit

---

nung „General-Intendantur" durchaus selbstständig
und nur vom Großherzog abhängig übernahm.

*) Franz Kirms erhielt bald darauf den Titel „Hof=
kammer-Rath", später den eines „Geheimen Hofraths", und
blieb bei der Leitung, der Intendanz des Hoftheaters, bis zu
seinem Tode, der 1826 erfolgte. Er bewährte sich bis an sein
Ende als tüchtiger, gewandter Dirigent und war zugleich ein
Ehrenmann im vollen Sinne des Wortes. Hofrath Esper=
stedt von Berlin, der stets mit ihm in theatralischen Ange=
legenheiten korrespondirt hatte, schrieb nach dem Tode Kirms'

dem Schauspieler Peter Amor. Dieser war als Dar=
steller nicht von großer Bedeutung, sondern eigentlich nur
in Episoden, zweiten Rollen an seinem Platze. Die
beiden Gatten kannten den Prinzipal Bellomo und er=
hielten von demselben im Dezember 1790 eine Engage=
ments = Offerte für sein neues, bevorstehendes Unter=
nehmen in Grätz in Steyermark, wohin er, vom Hofe
gekündigt, als nach seinem frühern Aufenthalte, zurückzu=
kehren gedachte.

Auf dieses Schreiben antwortete Amor:

„Olmütz, den 21. Dezember 1790.

Hoch Edelgeborner Herr!.
Schätzbarster Freund!

Den 20ten dieses haben wir Ihr schätzbares Schreiben
erhalten, und zwar mit dem größten Vergnügen. Nun
endlich hoffen und wünschen wir, daß wir dermalen das
Glück haben werden, Mitglieder Ihrer Direction zu wer=
den. Was nicht in Sachsen geschah wird hoffentlich in

---

dessen Nachfolger: „— Das Herzogliche Haus hat an Kirms
einen Geschäftsmann verloren, wie es nicht viele giebt. Er
war zugleich sehr kunstsinnig, liebenswürdig und musterhaft als
Beamter. —“

Kirms greift bedeutend tiefer ein in den Gang der Ge=
schäfte des Weimarer Hoftheaters, als man bisher gewußt und
geglaubt; die nachfolgenden Blätter werden hierfür die besten
Beweise liefern.

Steyermark geschehen, nämlich: lange Zeit bey, neben Ihnen und um Sie zu seyn.

Sie verlangen unsere Bedingungen zu wissen? selbe bestehen in sehr wenigem. Wir erbitten von Ihnen einen jährlichen Contract und die Gage anbelangend für meine Frau und mich 15 Thlr. wöchentlich.

Mit einem Sänger oder Sängerin, nebst Liebhaberin können wir dermalen Ihr Verlangen nicht befriedigen. An deren Stelle empfehlen wir Ihnen einen jungen Schauspieler mit Namen Becker, aus Berlin gebürtigt, welcher sehr vortheilhaft die zweiten Liebhaber in Comö= dien spielt und in Singspielen gut zu gebrauchen ist.

Meine Frau und ich empfehlen uns Ihnen und Ihrer Frau Gemahlin, und hoffen sehnlichst, daß unser Wunsch dermalen befriediget werde, Mitglieder Ihrer Gesellschaft zu werden.   Ich sehe einer baldigen gütigen Antwort mit der größten Sehnsucht entgegen, und bin in Erwartung derselben

Ew. Wohlgeboren bereitwilligster Diener

Peter Amor, Schauspieler. "

Diese Antwort scheint zu spät in Weimar eingetroffen zu sein, denn Bellomo lehnte das Engagement nunmehr ab, rekommandirte aber dafür die beiden Gatten der neuen Fürstl. Theater=Kommission. Kirms schrieb auch sogleich an Herrn Amor, ihm und seiner Frau Engage= ment an dem zu errichtenden Hoftheater anbietend.

Die Antwort Amors auf dieses Schreiben lautete:

„Olmütz, den 29. Jenner 1791.
    Wohlgeborner
    Hochzuehrender Herr.

Dero mir sehr werthes Schreiben vom 14. Jenner habe ich richtig erhalten. Es thut mir leid, daß meine Antwort an Hrn. Bellomo zu spät gekommen, dieweil ich gerne mit meiner Frau bey einem braven Mann, wie Hr. Bellomo ist, engagirt wäre. Sie schreiben mir, daß Ihr Hof eine eigene Gesellschaft zu errichten Willens wäre; darauf hin habe ich die Ehre zu melden, daß ich schon einen guten Antrag von einem andern Theater habe; jedoch würde ich, (wenn es zu Stande käme) das Weimarische Hoftheater allen andern vorziehen. Sie schrieben uns wegen des Verzeichnisses der Rollen; es würde einen zu großen Brief machen, wenn ich Ihnen alle die Rollen, die wir gespielt haben, aufgezeichnet mitschicken wollte. Um es also in der Kürze zu fassen, werde ich Ihnen die Fächer aufsetzen, in welchen wir spielen.

Meine Frau: Königinnen, edle Mütter, affektirte Damen und komische Mütter. Ich: vermischte Rollen, Bediente, Bauern, Pedanten, Greise. Würden Sie uns wöchentliche Gage von 8 Laubthaler, oder Ducatons. bewilligen, so werde ich nicht anstehen, nach Dero Befehl zu Ihnen zu reisen — unter der Bedingung, daß Sie uns das Reisegeld der ordinären Post überschicken.

Auch schlage ich Ihnen einen jungen Menschen Namens Becker, ein Berliner, vor. Er spielt zweite Liebhaber, junge Helden und Dümmlinge mit Beyfall, singt angehende Rollen in der Oper. Wenn sein Fach bey Ihnen noch nicht sollte besetzt seyn, so empfehle ich ihn als ein sehr brauchbares Mitglied.

Schließlich bitte ich um eine baldige gütige Antwort, damit ich mich darnach zu richten weiß, und meinen anderweitigen Antrag nicht verabsäume. Ein Kompliment an Herrn und Mad. Bellomo, und mit der größten Hochachtung bin ich

Ew. Hochwohlgeboren dienstergebenster
Peter Amor."

Die Hoftheater=Kommission war mit den gestellten Bedingungen zufrieden und nach den nöthigen Besprechungen wurde das Engagement der Drei: Herr und Madam Amor, sowie Herr Becker — eigentlich Herr v. Blumenthal geheißen, wie wir aus einem der folgenden Briefe sehen werden — beschlossen. Ein bejahender Brief ging an sie ab. Die nähern Bedingungen des Engagements lernen wir aus der nun folgenden Antwort Amors kennen. Diese lautet:

"Leutomischel, den 24. März 1791.

Wohlgeborner

Hochzuehrender Herr.

Unterm 22. März erhielt ich zwey mir sehr werthe Schreiben, die vom 11. März datirt waren, von Ihnen, woraus ich ersehe, daß ich, nebst meiner Frau und Herrn Becker, beym Hoftheater engagirt sind, welches uns Dreyen sehr erfreulich zu vernehmen war.

Wir unterwerfen uns völlig der guten Anordnung und Einrichtung der Ober-Direktion, und was wir in unsern Fächern zu leisten versprochen haben, das werden wir erfüllen. Nämlich meine Frau alle ersten Mütter in Lust-, Schau- und Trauerspiel und affectirte Damen, mit einer wöchentlichen Gage von 8 Thlr. Ich: zweite Bediente, Pedanten, Greise, mit einer wöchentlichen Gage von 4 Thlr. Hr. Becker, zweyte Liebhaber, junge Helden, Dümmlinge und angehende Rollen in der Oper, mit einem Karolin wöchentlich. Uebrigens bleibt es beym jährlichen Kontrakt und einer halbjährigen Aufkündigung von beyden Seiten. Ihren Brief mit dem Hof-Marschall-Amts-Siegel nehmen wir als einen gültigen Kontrakt an.

Wir erwarten also das nöthige Reisegeld, worauf wir uns Drey alsdann sogleich auf die Post setzen werden, um zu Ihnen zu reisen. Ich werde mir alsdann die Freyheit nehmen, Ihnen zu schreiben, welchen Datum wir abreisen und wann wir in Weimar einzutreffen gedenken.

Dem Herrn Geheimrath von Goethe bitte gehorsamst nebst meiner Frau und Herrn Becker unser ergebenstes Kompliment zu machen, wie auch dem Hrn. Bellomo. Ich bin mit der größten Hochachtung

Ew. Hochwohlgeboren ergebenster Diener

Peter Amor."

Das verlangte Reisegeld wurde übermacht und Amor zeigt dessen Empfang, so wie die sofortige Abreise, durch folgenden Brief an:

„Leutomischel, den 16. April 1791.

Wohlgeborner

Hochzuehrender Herr.

Ihren mir sehr werthen Brief vom 6ten April habe ich heute den 16ten April erhalten, wie auch heute das Reisegeld von 71 Thlr. richtig ausgezahlt bekommen und werden wir Drey übermorgen, den 18., von hier ab= reisen.

Weil keine Post von hier geht, und auch die Posten in Böhmen 2 auch 3 Tage liegen bleiben, so haben wir, um keine Zeit zu verlieren, eine Fuhre bis Eger ge= nommen, wo wir von dort aus bis Weimar zu Ende April eintreffen werden.

Wegen Herrn von Blumenthal seiner Familie haben Sie keine Verdrüßlichkeiten zu besorgen. Sollte sich auch eine Familie von Blumenthal in Sachsen be= finden, so ist Er nicht von der sächsischen, sondern preu= ßischen Linie und wird immer den Namen Becker beybehalten. —

Sie belieben zu wissen, in welchen Rollen meine Frau auftreten möchte. Sie wünschte in Medea und Jason, als Medea, und in den Jägern als Oberförsterin aufzutreten. So wie auch ich wünschte in den Jägern

4 *

als Amtmann, Hr. Becker als Anton aufzutreten. —
Der ich die Ehre habe rc.

Ew. Hochwohlgeboren ergebenster Diener
Peter Amor."

Nach ihren Wünschen debütirten Herr und Frau
Amor, bei Eröffnung des Hoftheaters am 7. Mai, er als
Amtmann, sie als Oberförsterin in den „Jägern." Herr
Becker jedoch mußte sich mit dem Rudolph begnügen, da
der Anton anderweitig besetzt war, wie wir später sehen
werden. —

Werfen wir nun noch einen Blick auf die spätern
Schicksale der beiden Gatten.

Beide blieben und wirkten in Weimar zwei Jahre;
zu Ostern 1793 wurden sie entlassen. Wohin sie sich
gewendet, vermag ich nicht anzugeben. Später scheinen
sich die Gatten getrennt zu haben, denn Peter Amor befindet sich etwa 1796 als Universitätstanzlehrer in
Greifswalde, während seine Frau noch immer bei der
Bühne thätig ist. 1797 starb Amor, und die Wittwe,
welche Aussicht auf eine Stellung in Weimar zu haben
glaubte, sandte von Salzburg aus, unterm 15. Juni
desselben Jahres, zwei Schreiben nach Weimar, das eine
an Goethe, das andere an Kirms, Letztern bittend, ihr
Gesuch bei Goethe unterstützen zu wollen.

An Goethe schreibt sie unter Anderm:

„ — Ein guter Freund überraschte mich mit der
tröstlichen Nachricht, Hr. und Mad. Malcolmi wären ge-

sonnen, von Weimar abzugehen. Da ich weiß, daß
Mad. Malcolmi das zärtliche Mütterfach spielt und ihre
Stelle noch nicht besetzt seyn dürfte, so bitte ich Ew. Ex=
cellenz um die Gnade, sich meiner Person gnädigst zu er=
innern, ob es nicht möglich wäre, einer armen Wittwe
ein kleines Plätzchen bey dem hochfürstlichen Hoftheater
einzuräumen. — "

Das Schreiben an Kirms enthält denselben Wunsch,
und die Art und Weise, wie die früher so bedeutende
Künstlerin ihn bittet, ihrem Gesuche Willfahrung zu ver=
schaffen, klingt in der That recht wehmüthig. Sie sagt
unter Anderm: „ — Gönnen Sie mir wieder ein kleines
Plätzchen bei Ihrem Theater, wenn Sie mir n o ch
f r o h e T a g e verschaffen wollen! — "

Das Gesuch wurde nicht bewilligt; Kirms mußte
es — wohl mit schwerem Herzen — abschläglich beant=
worten.

Was aus Madam Amor geworden, vermag ich nicht
anzugeben. Sie starb wahrscheinlich in kümmerlichen
Verhältnissen, unbeachtet und vergessen: das traurige
Loos so vieler Bühnen=Angehörigen! —

Regisseur Fischer, seine Frau, und Genast.

Eine der Hauptaufgaben Goethes mußte es sein,
einen tüchtigen und gewandten Regisseur zu finden.

Man hatte ihm — wahrscheinlich Bellomo selbst — den
Prager Schauspieler Franz Fischer (geb. zu Prag
etwa 1740) als für solchen wichtigen Posten tüchtig
genannt und die Unterhandlungen mit demselben waren
eingeleitet worden.

Auch hatte sich der bekannte Mannheimer Schauspieler und Regisseur Rennschüb um diesen Posten
beworben, doch hatten seine derartigen Bemühungen aus
mancherlei Gründen keinen Erfolg*).

Fischer hatte die Unterhandlungen eigentlich frisch
und keck selbst herbeigeführt. Er hatte frühzeitig Nachricht von den Absichten des Weimarer Hofes erhalten —
wahrscheinlich ebenfalls von Bellomo — und darauf hin

*) Rennschüb, — sein wahrer Name ist Büchner —
geboren 1734 zu Frankfurt, seit 1776 beim Theater und seit
1781 in Mannheim als Schauspieler und Regisseur thätig,
hatte von der Absicht des Weimarer Hofes, ein eigenes Theater
zu gründen, gehört. Er war mit dem dortigen Konzertmeister
Kranz bekannt und schrieb diesem unterm 27. Januar 1791,
sich für das neue Unternehmen anbietend. Er muß jedoch die
Weimarer Verhältnisse wenig gekannt haben, auf einer ganz
irrigen Fährte gewesen sein, denn er schreibt unter Anderm:
„— Mein Engagement ist hier (in Mannheim) mit Michaeli
aus und ich könnte und wollte mich anheischig machen bis
dahin Schauspiel und Oper dorten herzustellen, wenn die
Bedingungen annehmlich und die Unterstützung reichlich ist. —"
Ferner: „— Doppelt angenehm würde mir es seyn, da ich
das Vergnügen haben würde, mit Ihnen gemeinschaftlich zu

alsogleich und direkt an Kirms den folgenden Brief ge=
schrieben.

„Prag, den 20. Jenner 1791.

Wohlgeborner Herr,

Hochzuverehrender Herr Landkammer=Rath.

Da ich vernehme, daß unter der Oberaufsicht des
Herzogl. Hofmarschall = Amts eine Gesellschaft bestehen
soll, nicht weniger daß ich als Schauspieler und Regis=
seur unmaßgeblich in Vorschlag gebracht sey, so unter=
fange ich mich Ew. Wohlgeboren, dem Herzogl. Hof=
marschall = Amte, meine Dienste gehorsamst anzubieten.
Als Schauspieler bearbeite ich das Fach der Charakter=
rollen, aller ersten zärtlichen und komischen Alten im
Trauer =, Schau = und Lustspiel, im Singspiel zweite

---

arbeiten. Wir wollten uns bemühen, die alten Weima=
rischen Zeiten, wo die Bühne so sehr glänzte und jeder
vergnügt war, wieder hervorzurufen!!"

Konzertmeister Kranz muß ihm gerathen haben, sich an
Goethe zu wenden, und Rennschüb sandte demselben denn auch
unterm folgenden 6. Februar einen Brief, worin er sich und
seine Frau antrug. Goethe scheint indessen nicht auf ihn
reflektirt zu haben, denn die Unterhandlungen mit Fischer in
Prag erlitten keine Unterbrechung. Er mag wohl Renn=
schüb's Eigenwillen und Lust zur Intrigue gekannt und ge=
fürchtet haben. — Rennschüb ging 1792 dennoch von Mann=
heim ab und als Regisseur nach seiner Vaterstadt Frankfurt,
wo er von nun an unter seinem wahren Namen Büchner
wirkte.

Rollen. Die Regie betreffend, so kenne ich nur deren
lästige Seite, und so viel ich auch Erfahrungen gesammelt,
so weiß ich doch, daß man ihrer nicht genug haben kann.
Kann aber Ordnung, Pünktlichkeit, Fleiß und Unver=
drossenheit ein gutes Vorurtheil für mich erwecken, so
darf ich diese kühnlich versprechen, weil ich hoffe so er=
funden zu werden. Es sey mir aber erlaubt, auch meines
Charakters mit wenigen Worten zu gedenken. Kann
mich gutes sittliches Betragen, Conduite empfehlen, so
kann ich auch dieserwegen von allen Orten meines Auf=
enthalts, als Directeur, Regisseur und Schauspieler,
schriftliche Beweise vorlegen. Ueber meine Talente soll,
will ich nicht urtheilen, über meinen Charakter kann,
muß ich's; und ich schmeichle mir, Ew. Wohlgeboren
werden dies nicht als Ruhmredigkeit, sondern nur von
der besten Seite aufnehmen.

Bedingungen kann ich keine vorschlagen, weil ich den
Ort gar nicht kenne, ich habe also Hrn. Bellomo in
meinem Namen abzuschließen ersucht und ihm alles der=
gestalt überlassen, daß ich mich mit dem, was er thun
wird, zufrieden erkläre. Die Zeit bis Ostern ist nicht
mehr lange; ich muß daher gehorsamst bitten, die groß=
günstige Entschließung des Herzogl. H. M. Amts so
bald und schleunig als möglich zu erfahren, weil ich durch
Verzögerung anderweitige Engagements verlustigt werden
könnte.

So sehr ich übrigens wünsche die Ehre Ew. Wohl=

geboren Bekanntschaft persönlich zu machen, so wünsche
ich doch noch sehnlicher durch meine Handlungen beweisen
zu können, mit welch ausgezeichneter Hochachtung und
Verehrung ich sey

Ew. Wohlgeboren gehorsamster

Fischer.

Schauspieler am Kgl. Nationaltheater.

In der Neustadt, auf dem Graben,

im steinernen Tisch. "

Der Brief scheint guten Eindruck gemacht zu haben.
Auch notirte Kirmis: „Erhalten den 28. Jenner, beant=
wortet den 31. Jenner 1791." Diese Antwort scheint
nähern Aufschluß verlangt, verschiedene Fragen gestellt
zu haben, welchen Fischer folgendermaßen gerecht zu
werden suchte.

(Prag, 7. Februar 1791.)

„Wohlgeborner

Hochzuverehrender Herr Land=Kammer=Rath.

Ew. Wohlgeboren großgünstiges vom 31. v. M. ist
mir geworden, und Dero Befehl zufolge versäume ich
nicht die geschehenen Anfragen nach voller Wahrheit
gehorsamst zu beantworten.

Die Anzeige, in welchen Stücken ich einstudirt bin,
ist mir aus meinem Journal ein leichtes, aber das Ver=
zeichniß würde zu einem ungewöhnlichen Packet erwachsen.
Ich gebe mir also die Ehre, zu versichern, daß nur sehr
wenige der bekannten und gangbaren Stücke seyn müssen,

in welchen ich nicht, und in vielen derselben aber
doppelt auch dreyfach einstudirt bin; und sollten
zufällig einige Stücke seyn, worin ich entweder gar nicht,
oder blos in minder wichtigen Rollen einstudirt wäre, so
habe ich doch ein zu glückliches Gedächtniß, als daß ich
nicht die größte und wichtigste Rolle in 3 bis 5 Tagen
mit Satisfaction liefern sollte.

Ich habe auf verschiedenen Bühnen alle Rollen
meines Faches nicht ohne Beyfall behauptet, und eben
also hier drey Jahre mit Schopf in demselben Fache
mit Glück alternirt. Gewiß, in Rücksicht meiner soll
die Ober=Direction bey Anberaumung jeder Rolle nie=
mals in der geringsten Verlegenheit sich finden, folgende
Fächer jedoch ausgenommen, als: Helden; Lieb=
haber; junge Chevaliers und jugendliche
Rollen: alle übrigen Fächer spiele ich ohne Ausnahme,
nämlich: Könige; zärtliche und leidende Väter;
komische, rasche, launige, polternde Alte;
alte Chevaliers und Gecken; Greise; Bauern;
trockne Rollen; Geistliche; Lateiner; Pedanten;
ältliche Bediente; Juden; Intriguenrol=
len u. s. w. In der Oper 2te Rollen, z. B. Michel in
der Schusterin; Coradin in cosa rara: Barthole in
Figaros Hochzeit; Perichetto in il geloso in cimento:
Pagnotta in Frascatana u. dgl.

Allerdings spielt meine Frau auch, und zwar Müt=
ter im zärtlichen und komischen Fach, als z. B. in erste=

rem eine Capulet in Romeo und Julie; Präsidentin
in Wilhelmine Blondheim; Sophie in Schlensheim 2c.
in letzterem eine Olympia im Eheprokurator; Oberförsterin in den Jägern; Salome im Gespenst mit der
Trommel; Baronin Falben in Stadt und Land 2c. Im
Nothfall gesetzte Frauen und gesetzte Soubretten, als
Sophie im deutschen Hausvater; Christine in Geschwind
eh man's erfährt 2c. In der Oper nichts.

Erhält das hiesige Nationaltheater Erlaubniß während den Fasten zu spielen, so sind wir verbunden excl.
derer letzten Fastenwoche zu bleiben und können also erst
kurz vor Ostern eintreffen. Im gegenseitigen Falle können wir am Aschenmittwoch abgehen. —" (Fischer.)

Der Schluß des Briefes fehlt, scheint auch nichts
Wichtiges mehr enthalten zu haben.

Fast zur selben Zeit empfing Fischer einen weitern
Brief von Kirms, nicht als Antwort auf den soeben
mitgetheilten vom 7. Februar, sondern neue Fragen und
Bestätigung des Kontraktes enthaltend. Fischer beant-
wortet ihn sofort:

„Prag den 12. Februar 1791.

Wohlgeborner

Hochzuehrender Herr Land=Kammer=Rath.

Unter Versicherung ungeheuchelter Dankbarkeit für
Ew. Wohlgeboren großgünstige Verwendung und Be-
mühung, bestätige ich hiermit den richtigen Empfang
Dero geneigten Zuschrift vom 2ten dieses Monats, und

gleichwie mir dadurch die Erlaubniß geworden, diesen Brief vorläufig als Kontrakt anzusehen, eben also geruhen Ew. Wohlgeboren auch von meinen Briefen, den gegenwärtigen mit eingeschlossen, gleichen Gebrauch zu machen.

Uebrigens wird meine letzte Zuschrift vom 7. d. M. bereits eingegangen seyn, und dieselbe wird meistens als Antwort auf Dero letzteres dienen, denn es ist darinnen meiner Frau erwähnt, von welcher ich hoffe, daß sie nicht sowohl in Neben= als vielmehr in wichtigern Rollen wird nützlich seyn können.   In der Charwoche können und werden wir ganz zuverlässig von hier abreisen, und sollte hier die Erlaubniß in den Fasten zu spielen versagt werden, so kann dieses um so eher geschehen, und werde ich solches auf diesen Fall bey guter Zeit anzuzeigen nicht ermangeln.

Da durch anderweitige Briefe allhier bereits bekannt ist, daß der durchl. Hof daselbst eigens eine Gesellschaft errichtet, so war auch ich nicht mehr zurückhaltend, und es haben sich folgende Subjecte bei mir zur schuldigsten Anzeige gemeldet.

1. Herr Genast, singt Tenor, in der Oper 3te auch 2te Rollen, im Schauspiel komische Bediente, lustige Bursche.   Ihm ist vom Herrn Konzertmeister Kranz zugeschrieben und diesem von Genast bereits geantwortet.   Er hat mir aber aufgetragen in seinem Namen gehorsamst zu erinnern, auf daß die geforderte Gage

ne Gelegenheit geben möge ihm das Engagement all-
rt zu verlustigen, so wolle er sich bey seiner Ankunft
gemein billig finden lassen. So viel ich habe ab-
hmen können, so glaube ich, er wird sich mit 5 Rthr.
chstens mit 8 Glr. wohl begnügen.

2. Herr F u c h s n e b st F r a u. Er ist sehr gut und
t musikalisch, singt Baritono, und verbindet sich zu
en, im Nothfall auch zu 1ten Buffons; im Schau-
iel 2te komische Alte, trockne militairische Rollen. Sie,
der Oper Mütter, im Schauspiel Nebenrollen. Er
rlangt 11 Rthr., vielleicht sind sie aber auf 14 Glr.
zuhandeln.

3. Mad. N e r l i n g e r, hat auf dem hiesigen Neben-
eater in der Oper alle ersten Rollen geliefert, ist gleich-
lls gut und fest musikalisch, verbindet sich aber blos
zweyten Rollen und nur im Nothfall zu ersten. Im
chanspiel ist sie nicht viel zu brauchen. Ihre Forde-
ng ist 10 Glr. und gehet sie nicht davon ab.

In Rücksicht dieser Subjecten Talente und in wie-
n solche allbort mehr oder weniger nützlich seyn können,
rd Hr. Bellomo wohl am besten beyräthig seyn müssen,
swegen ich mich auch bereits in meinem letzten auf ihn
rufen habe. Was aber deren gute Conduite und
oralischen Charakter betrifft, so kann ich hierfür mich
rbürgen, und versichere, daß es stille, ordentliche, flei-
ge, friedliche, kurz Leute von braver Aufführung sind.
ch bitte in Dero Nächstem gütigst zu erwähnen, in wie-

fern diese Competenten Hoffnung haben oder nicht, oder
dieselben mit Dero gewogentlicher Zuschrift selbst zu
beehren.

Es war mir sehr schmeichelhaft zu lesen, daß Ew.
Wohlgeboren Ihres Vertrauens mich nicht unwerth
finden, und dieß muß mir ein desto stärkerer Sporn seyn,
in der Folge der Zeit durch mein Benehmen dieses Vertrauens mich wahrhaft werth zu machen. In dieser Voraussetzung und da es mir erlaubt ist, meinen benöthigten
Vorschuß anzuzeigen, so bin ich so frey um 120 Rthr. gehorsamst zu bitten.   Ich erstrecke meine Bitte noch dahin
die Tilgung derselben in wöchentlichen Abzügen einzu-
theilen, was jedoch bey meiner Ankunft bestimmter berichtet und festgesetzt werden kann. Endlich, da es vielleicht möglich, daß noch eine oder mehrere Personen von
hier dahin abgehen dürften, so kann vor der Hand der
Reise wegen noch nichts verhandelt werden, versichere
aber im Voraus, daß ich auf jeden eintretenden Fall nach
Umständen die wohlfeilste und leichteste Art des Fuhrwerks auszukundschaften und die Reisespesen wie möglich
zu ermäßigen bemüht seyn werde.

Ich sehe Ew. Wohlgeboren fernern Befehlen in Dero
Nächsten sehnsuchtsvoll entgegen und bin mit der auf-
richtigsten Verehrung und schuldigsten Hochachtung

Ew. Wohlgeboren gehorsamster
Franz Fischer."

Von den in obigem Briefe genannten Personen fand

nan nur den jungen Genast (Vater des gleichnamigen
etzigen Ehrenmitgliedes des Weimarer Hoftheaters,
mt würdigen Veteranen deutscher Schauspieler) für das
neue Verhältniß passend und Fischer erhielt den Auftrag,
enselben für Weimar zu engagiren. Dieses geschah und
'er neue Regisseur sendet nun seinen letzten Brief vor der
Abreise von Prag nach Weimar an den Hofkammerrath
Kirms.

                            „Prag den 1. März 1791.
      Wohlgeborner
      Hochgeehrtester Herr Land=Kammer=Rath.

Auf Dero geehrtes vom 21. vorigen Monats soll
ch zu berichten nicht verfehlen, daß ich gemäß dem mir
geschehenen Auftrage mit Herrn Genast auf 5 Rthr.
wöchentlich abgeschlossen habe; er rechnet sich dieses En=
gagement vor andern zur Ehre, und wird folglich sicher
mitkommen.   Wenn es nicht Ungelegenheit verursacht, so
bittet er um ein kleines Avancement von 25 Rthr.   Es
ist bey diesem jungen Manne nichts zu wagen, ich kenne
eine Rechtschaffenheit und stehe nicht an für ihn
Bürge zu sein.

Wenn wir nun gleich Tags darauf nach dem hier ge=
gebenen letzten Spektakel abreisen wollen, hierzu aber ver=
schiedene Ein= und Berichtigungen erforderlich, welche Zeit
brauchen, die uns aber sehr mangelt, weil wir jetzt wöchent=
lich nur zwei freie Tage haben: so unterstehen wir uns
gehorsamst zu bitten unsere verlangten Vorschüsse mit

nächster retourpost gewogentlichst zu übersenden, damit
wir unsere Vorkehrungen mit Muße treffen, und ohne
Aufenthalt die Reise unternehmen können.

Wegen des Fuhrwerks dahin haben wir uns bereits
auch erkundigt; dieß aber hat daher einige Schwierigkeiten
weil diese Straße von hier kein Postwagen fährt und die
hiesigen Landkutscher ungern diese Tour machen wollen,
weil sie nie Gewißheit haben Fuhren dahin zu thun, und
auf keine Rückfracht rechnen können. Aus letzterem Grunde
begehren sie einen zu hohen Fuhrlohn. Sie berechnen die
Reise dahin auf 42 bis 43 Postmeilen und fordern 75
Gld. Wenn nun aber einmal festgesetzt ist, das Reisegeld
nur postmäßig zu bewilligen, so können wir blos auf die
Gunst eines hochlöblichen Hofmarschall-Amts hoffen, ob
hochselbes diesen Ausfall von 10 Gld. 30 Kr. vergüten
dürfte, gegentheils müßten wir solches schon aus Eigenem
tragen. Es beruht auf Ew. Wohlgeboren Gutbefinden,
ob dieselben das Reisegeld zur Ersparung des Postgeldes
mit denen Vorschüssen zugleich, oder später schicken wollen,
auch ob es genüglich wäre, die gewöhnliche eine Reise-
gage gleichfalls mit beyzulegen, oder ob wir diese erst bey
unserer Ankunft erhalten sollen. Mein verlangter Vorschuß wird doch noch erinnerlich seyn? nämlich 120 Rthr.
Wenn diese Gelder etwa durch Wechsel anher abgehen,
so ist dies füglich die wohlfeilste Weise; sollte dazu aber
keine Gelegenheit sich ergeben, so würden wir bitten, die
Geldsorte womöglich Ducaten species seyn zu lassen, weil

bekannt daß in Sachsen der Ducat etwas unter — und
hier volle 3 Rthr. in valuta ist, und wie solcher gestalt,
ohne Nachtheil, der Sender eine Kleinigkeit würde profi-
tiren können.   Jedoch alles und jedes nach Ew. Wohlgeboren Ermessen, wie und was dieselben thun ist uns
willkommen und befriedigend.

Ist es nicht zu unbescheiden, so erlaube ich mir die
letzte Bitte, nämlich mir ein Verzeichniß der bereits dort
befindlichen Mitglieder gewogentlich beyzulegen, vielleicht
daß ich darunter eine Adresse ausfinden kann, wo ich
wegen Logis und andern Bedürfnissen in voraus Kommission geben könnte.

Es ist mir nunmehr nichts mehr übrig als Ihrer
Gunst und Wohlgewogenheit wiederholt mich zu empfehlen
und zu versichern, daß ich mit der stärksten Hochachtung bin
Ew. Wohlgeboren gehorsamster Diener
Franz Fischer."

Vorschüsse und Reisegeld wurden — und gewiß ganz
nach dem Wunsche Fischers, der sich in seinen Briefen als
ordentlicher und redlicher Mann dargethan — nach Prag
gesandt, und die Dreie, Herr und Frau Fischer und Herr
Genast, genau eine Reisegesellschaft wie das früher erwähnte neu engagirte Kleeblatt, traten guten Muthes die
gewaltige Reise von Prag nach Weimar an.   Auch sie
debütirten in der Eröffnungs-Vorstellung „die Jäger,".
Fischer als Pastor, Genast als Schreiber Barthel; Frau

Fischer jedoch erst am folgenden 14. Mai, und zwar als Wilhelmine in Kotzebues „Kind der Liebe."

Der neue Regisseur muß auf die Dauer den Goethe'schen Anforderungen doch nicht entsprochen haben, denn zu Ostern 1793 gingen beide Gatten ab. Goethe errichtete nun für die Regiegeschäfte das Institut der „Wöchner", wodurch er freieste Hand für seine künstlerischen Anordnungen behielt. Genast aber gehörte dem Weimarer Hoftheater bis zum 1. April 1817, genau so lange als Goethe selbst, an. Nach einer Reise, die er mit seinem Sohne Eduard um jene Zeit nach Dresden gethan, empfing er bei seiner Zurückkunft nach Weimar, etwa am 20. Mai, sein Pensionsdecret. So schied denn der treue langjährige Diener zugleich mit seinem verehrten Chef aus dem Wirkungskreise, dem er mehr denn ein Vierteljahrhundert seine Kräfte treu und redlich gewidmet *).

————————

*) Eine „Nachschrift" von Genast's Pensions=Decret lautet: „Auch — wollen Wir dem gleichfalls in Ruhestand versetzten Hofschauspieler und Regisseur Genast, von heute an die ihm zugesicherte Pension von Vierhundert Thaler nebst einer aus der Theater=Kasse zu bestreitenden Zulage von Fünfzig Thaler jährlich angedeihen lassen und begehren hiermit gnädigst Ihr wollet Eures Theils das Nöthige hiernach verfügen.

Gegeben in unserm Hauptrescripte.
Weimar, 1. April 1817.

C. August.
Graf Edling."

Franz Fischer treffen wir später als Direktor einer Schauspieltruppe. Als solcher empfiehlt er 1798 von Innsbruck aus dem Hofkammer=Rath Kirms Herrn und Frau Tilly, erstern als ersten Liebhaber, Held und Charakterspieler, letztere für naive, muntere Rollen — doch ohne Erfolg.

Es scheint dem armen Manne fernerhin schlecht ge= gangen zu sein, denn im folgenden Jahre ist er wieder Schauspieler, und Kirms erhält von ihm, ebenfalls von Innsbruck aus, einen sehr lamentabel klingenden Brief, den ich hier noch mittheilen will.

„Innsbruck den 6. März 1799.

Wohlgeborner Herr

Hochverehrtester Herr Hof=Kammer=Rath.

Ich habe von der Herzoglich Weimarischen Theater= Oberdirektion so viele Gnade erhalten daß ich mit Muth in meiner höchst bedürftigen Lage um eine neue, unter=

Kirms bemerkte eigenhändig auf dieses Allerhöchste Rescript:
„Nach der Reise des Herrn Regisseurs Genast mit seinem Sohn nach Dresden, demselben publicirt und ihm gleichfalls eine Abschrift von drüber stehendem höchstem Rescript einge= händigt.
Nachrichtlich. Weimar, den 23. May 1817.

F. Kirms."

Also erfuhr Genast erst seine, noch von Goethe genehmigte Pensionirung, nachdem Goethe selbst schon durch das Billet von Carl August vom 13. April seiner Stelle als Oberleiter des Hoftheaters enthoben worden war.

5*

thänigst zu bitten wage. Vorzüglich durch den äußerst
strengen Winter bin ich bey meiner hiesigen Direktion in
einen Rest von mehr als 800 Gld. verfallen, zu deren
Bezahlung meine dermalige Gage über drey Viertheile
verkümmert ist. Dieses setzt mich in einen so ärmlichen,
kümmerlichen Zustand, daß ich zuweilen nicht weiß, wo
ich auf den morgenden Tag Brot hernehmen soll.

So manches Theater-Subjekt hat das Glück, auf seinen
Wanderungen durch eine hilfreiche Kollekte unterstützet zu
werden. Sollte ich, der ich an den deutschen Bühnen
nicht ganz ohne Verdienst bekannt zu seyn mir schmeicheln
darf, und in der Rücksicht daß ich ohne mein Verschulden
in dieses Unglück gerathen ich, nicht auch eine geringe
Unterstützung hoffen dürfen? In diesem Bewußtsein flüchte
ich zu der Großmuth und Menschenfreundlichkeit Sr. des
Herrn Geheimen Raths von Goethe Excellenz, und weiß ge=
wiß, daß in Betracht meiner äußerst elenden Umstände und
meines Alters ich um eine gnädige Unterstützung aus der
Theater-Kassa keine Fehlbitte gethan habe, welche Hoch=
denenselben vorzutragen Ew. Wohlgeboren ich gehorsamst
ersuche, und auch um Dero gütige Verwendung ergebenst
bitte. Aendert Gott meine Umstände in bessere, so ge=
lobe ich als ehrlicher Mann die mir gnädigst geleistete
Unterstützung der Theater-Kassa redlich wieder zu ersetzen;
nur auf den Fall meines frühen Todes müßte ich bitten
solche der Wittwe zu erlassen. Qui cito dat, bis dat.
Gott weiß es, ich bin in großer Noth; Sr. Excellenz

werden mich daher nicht ohne Hülfe lassen, und meines
Namens schonen, weßwegen ich noch die Bitte beyfüge,
über den Brief an mich, noch ein Couvert zu legen, mit
der Adresse, an Herrn Johann Käsbacher, Med. Dr. und
K. K. Professor der Naturgeschichte auf der Universität
zu Insbruck.   Ich bin mit schuldigstem Respect

Ew. Wohlgeboren gehorsamster

F i s c h e r , Schauspieler. "

Doch auch dieses Schreiben hatte keinen Erfolg, es
wurde — „ad acta" gelegt und der arme Schauspieler
erhielt nicht einmal eine Antwort! —

Wo der alte wandernde Mime fortan sein müdes
Haupt hingelegt, unter welchen wohl traurigen Verhält=
nissen er sein Leben, das er gewiß wie so viele Hunderte
seiner Standesgenossen, mit bitterm Unmuth ein ver=
fehltes genannt haben mag — beschlossen: wer weiß
es?!

Die Eröffnung des neuen Hoftheaters; „Die Jäger" von Iffland; Personal.

Nachdem außer den obigen sechs Personen noch ver=
schiedene andere neue Engagements (über die wir bald
Näheres erfahren werden) abgeschlossen, von den vorhan=

tenen Mitgliedern der Bellomo'schen Truppe die besten für
das neue Hoftheater gewonnen worden waren*), wurde
denn nach genügender Vorbereitung (Bellomo schloß seine
Vorstellungen am 5. April) das neugegründete Hoftheater
am 7. Mai 1791 mit dem bekannten Goethe'schen Pro=
loge „der Anfang ist in allen Sachen schwer"
(gesprochen von Demaratius) und „Die Jäger",
Schauspiel von Iffland, eröffnet.

Die Besetzung der „Jäger" war folgende:

Oberförster Warberger . . .	Hr. Malcolmi.
Oberförsterin	Mad. Amor.
Anton, beider Sohn	Hr. Einer.
Friederike, beider Pflegetochter .	Mad. Mattstedt.
Amtmann von Zeck	Hr. Amor.
Kordelchen, dessen Tochter . .	Demf. Malcolmi 1.
Pastor Seebach	Hr. Fischer.
Der Schulze	Hr. Mattstedt.
Mathes } Jäger	Hr. Demmer junior.
Rudolph }	Hr. Becker.
Barthel, Gerichtsschreiber .	Hr. Genast.
Die Wirthin	Mad. Neumann.
Bärbel, deren Tochter . . .	Demf. Neumann.

---

*) Bellomo hatte seine grausam zusammengeschmolzene
Truppe noch in Weimar durch neue Mitglieder wieder zu er=
gänzen versucht.   Es gastirten nämlich im März und April
noch verschiedene Schauspieler, die nicht für das neue Hoftheater

Wohl konnte Goethe in seinem Prolog mit Recht sagen:

> „Von allen Enden Deutschlands kommen wir
> Erst jetzt zusammen; sind einander fremd
> Und fangen erst nach jenem schönen Ziel
> Vereint zu wandeln an, und jeder wünscht
> Mit seinem Nebenmann es zu erreichen, —"

denn von dem oben aufgezählten Personal gehörten nur die beiden Neumann, die beiden Malcolmi und Einer der frühern Gesellschaft an; die übrigen aber waren sämmtlich neu angeworbene Truppen — und alle sicher von dem besten Geiste, dem regsten Eifer beseelt, das möglichst Gute zu erreichen.

Noch muß ich hier die Bemerkung einschalten, daß Goethe seine neuen Mitglieder mehr aus Oesterreich, dem Süden, denn aus dem Norden rekrutirt hatte, mehr aus dem Weimar ferne liegenden Rayon, denn aus bekannter Nähe; und dies sicher wohl aus Ursache. Er hoffte wahrscheinlich unter dem, dem Orte ganz fremden Personal gefügigere, bildsamere Mitglieder zu finden. Auch scheint es ihm aus diesem Grunde mehr auf versprechende Talente, denn auf ausgesprochene Reputationen angekommen zu sein. —

---

engagirt wurden, sondern wahrscheinlich mit Bellomo nach dem neuen Ort seiner Wirksamkeit, nach Gratz, zogen. Ich verweise hierüber noch auf das Verzeichniß der Gastrollen, XXII.

Die Engagements-Angelegenheiten, Gewinnung des Herrn und der Madam Amor, Herrn und Madam Fischer (letztere debütirte, wie schon bemerkt, am folgenden 14. Mai), der Herren Becker und Genast haben wir oben des Näheren kennen gelernt. Es bleibt nun noch übrig, die Personalien und Verhältnisse der übrigen Neu-Engagirten darzulegen. Da treten uns zuerst

Herr und Frau Mattstedt

entgegen. — Johann Joseph Mattstedt war geboren 1759 zu Dresden und betrat die Bühne zum ersten Male 1774. Im Jahre 1791 fand er sich mit seiner Frau engagirt in Pesth. Ueber seine Unterhandlungen mit Weimar vermag ich nur das einzige, hier folgende Schreiben an Kirms mitzutheilen:

„Pesht den 18. März 1791.
Hochwohl Edelgeborner Herr!
Dero geehrteste Zuschrift vom 4. März habe ich den 17. März richtig erhalten und daraus ersehen daß Sr. Hochwohlgeb. des Hrn. Hofrath von Goethe gütige Gesinnung, unsere Wünsche stattfinden lassen. Wir nehmen Dero ertheiltes Engagement an, und hoffen daß es Sr. Hochwohlgeboren gewiß nie gereuen wird, uns engagirt zu haben.

Dieselben werden auch viele Freude haben wenn Sie meine Tochter, ein Kind von 7 Jahren werden spielen sehn, welche mit allem Beyfall spielt, auch ein Knabe welcher jedoch besser singt als spielt. Dieses habe ich mit vielem Vorbedacht Er. Hochwohlgeboren nicht gemeldet, damit es eine angenehme Ueberraschung werde.

Den 18. März habe ich unserm gnädigsten Grafen aufgesagt und gedenke den 28. April abzureisen; kann ich eher abkommen, so soll es uns um so lieber seyn an einem Ort wo so viele rechtschaffene Männer sind, einzutreffen. — Auch wollten wir um 150 Gld. Vorschuß bitten, weil man auf einer so weiten Reise nicht wissen kann was vorfällt. —

Ew. Hochwohlgeb. ergebenster
J. Mattstedt."

Auch diese beiden Gatten blieben nur zwei Jahre in Weimar, Ostern 1793 wurden sie entlassen und zogen wieder ab, ohne es dahin gebracht zu haben, ihre beiden hoffnungsvollen Kinder, womit sie Goethe zu „überraschen" gedacht hatten, auf der Weimarer Bühne dauernd vorfüh= ren zu können. — An letzterm mag wohl das bedeutende Talent der Christiane Neumann Schuld gewesen sein. —

Herr Demmer junior

gehörte einer Schauspieler=Familie an, die schon früher unter Bellomo mit Weimar in Berührung gestanden hatte.

Ein Herr Demmer, älterer Bruder des Obigen,

bütirte in Weimar am 7. Oktober 1786 als Summers
in der Italienerin in London. Zugleich mit ihm debü=
tirte auch die Schauspielerin Demoiselle C a r o l i n e K r ü=
g e r (geboren zu Berlin 1764, und Schwester des be=
kannten C a r l K r ü g e r ; siehe XI), und zwar am 12.
Oktober 1786 als Rosine in Jurist und Bauer. Beide
verließen zu Ostern 1787 Weimar. Demf. Krüger hei=
rathete bald darauf den jüngern Bruder Demmers und
kehrte als Madam Demmer mit ihrem Manne und
ihrem Bruder C a r l K r ü g e r — welcher schon 1787
einmal in Weimar gastirt hatte — neuengagirt dorthin
zurück.

Zwei Schreiben über diese Engagements=Verhand=
lungen liegen mir vor. Das erste vom Jahre 1790 be=
zieht sich noch auf die Bellomo'sche Entreprise, ist jedoch
an Kirms gerichtet und lautet:

„Düsseldorf den 16. November 1790.

Hochgeehrtester Herr
Werthgeschätzter Freund.

Schon etliche Male habe ich Hrn. Bellomo geschrie=
ben, aber keine Antwort erhalten. Sind nun die Briefe
oder Antworten verloren gegangen, solches ist mir ein
Räthsel. Da ich aber weiß daß Sie die Güte haben,
sich um das dortige Theater zu bekümmern, und ich mir
auch bey meinem ersten dortigen Aufenthalt mit Ihrer
Freundschaft schmeicheln durfte, so nehme ich mir jetzt die

Freiheit Ihnen mit einem Briefe beschwerlich zu fallen um mich zu erkundigen ob etwa das dortige Theater uns placiren könnte. Doch muß ich Ihnen noch vorher sagen daß ich mich unter der Zeit, wo ich nicht die Ehre gehabt habe Sie zu sehen, verändert und den Bruder des Herrn Demmer welcher zu der Zeit mit mir in Weimar war geheirathet habe. Mein Mann ist erster Tenorist und spielt im Lustspiel erste auch zweite junge Liebhaber und ob es sich gleich für mich als seine Frau nicht schickt ihn zu loben, so versichere ich Ihnen doch daß, wenn Sie ihn recommandiren keine Schande mit ihm einlegen; er hat eine sehr angenehme Stimme und ist fest musikalisch.

Was ich spiele, ist Ihnen schon bekannt, und daß ich mich unter der Zeit gebessert habe. Sollte aber auch das Fach welches ich damals spielte besetzt sein, so würde ich auch ein anderes übernehmen. Als z. B. Alte in der Oper, auch komische Alte in Stücken und Damen von Stande, welche Fächer ich bei Großmann auch gespielt habe.

Mein Bruder ist jetzt auch noch mit uns hier und Weimar hat ihm damals so gut gefallen, daß er auch Lust hat hinzugehen. Er spielt Chevaliers, Deutsche, Franzosen, Charakter-Rollen und singt den 2ten Baß in der Oper.

Nun haben Sie die Güte verehrter Freund sich mit Hrn. Bellomo darüber zu besprechen, und uns mit einer Antwort zu beehren. Auch wenn Hr. Bellomo jetzt nicht

im Stande seyn sollte uns zu placiren, so bitte ich doch ergebenst um eine Antwort, denn ist es nicht für jetzt, so
hoffe ich doch noch einmal nach Weimar zu kommen, als
wohin ich eine ordentliche Sehnsucht habe, ärger als nach
meiner Vaterstadt.

Ich habe die Ehre, werther Freund, nebst vielen
Empfehlungen von meinem Mann und Bruder zu seyn
meines hochverehrten Herrn und werthgeschätzten Freundes
ergebenste Dienerin und Freundin

Caroline Demmer, geb. Krüger,

wohnhaft im schwarzen Raben auf der

Andreasstraße. "

Kirms erhielt diesen Brief am „25ten November
Abends" und beantwortete ihn sofort am 26ten.

Der zweite vorhandene Brief zeigt, daß Unterhandlungen im Gange waren, jedoch nur langsam voran-
schritten.   Frau Demmer schreibt ihrem — sich diesmal
etwas karg zeigenden — Freunde Kirms:

„Düsseldorf den 15. Februar 1791.

Wohlgeborner Herr

Werthgeschätzter Freund.

Dero werthes Schreiben vom 4. Februar haben wir
richtig zu erhalten die Ehre gehabt.   Es thut mir aber
leid Ihnen melden zu müssen daß es uns unmöglich ist
für die, uns von Ihnen angebotene Gage zu kommen.

Wollen Sie uns aber wöchentlich 13 Thlr. dortigen Courant bewilligen, so werden wir es uns zur größten Ehre rechnen unter Ihrer und des Herrn Geheimen Raths Direktion angestellt zu werden, aber für weniger ist es uns unmöglich zu kommen. —

Von Kontrakt glaube ich nichts erwähnt zu haben. Sollte aber aus dem Engagement etwas werden, so würden wir bitten daß wenn Sie oder wir uns einmal verändern wollten, eine 12wöchentl. Kündigung bei beyden Theilen stattfände. —

Von meinem Bruder habe ich den Auftrag Ihnen zu melden daß er, da es ihm in Weimar so gut gefallen hat, und er uns auch nicht gern verlassen will, mit 7 Thlr. dortigen Courant zufrieden sein will. Er glaubt daß es Ihnen auf den halben Thaler die Woche nicht ankommen wird, da Sie ihm schon 6 Thlr. 12 Gr. offeriren, und ich glaube daß Sie sein Fach dafür auch nicht besser besetzen können. — Habe die Ehre u. s. w. zu sein u. s. w.

Dero ergebene Dienerin
Caroline Demmer. "

Ihr Engagement, so wie das ihres Mannes und ihres Bruders, kam zu Stande, und abermals war ein „Kleeblatt", das dritte, gen Weimar gezogen, doch diesmal von einer andern Richtung her kommend. Herr Demmer, zur Unterscheidung von seinem in Weimar bekannten Bruder junior benannt, debütirte wie oben mitgetheilt in den Jägern, und am folgenden 19. Mai als Tenorist in der Oper „Lilla" und zwar als Infant. Mad. Demmer debütirte am 17. Mai als Liddy in den Indianern in England und ihr Bruder Carl Krüger am 12. Mai als Abt in Bertuchs „Elfriede." Er verließ Weimar zu Ostern 1793 und verweise ich seinetwegen nochmals auf die Episode XI.

Madam Demmer und ihr Gatte hielten sich noch ein Jahr länger; 1794, zu Ostern, gingen sie jedoch ebenfalls ab und zogen wahrscheinlich nach Frankfurt, wo sie mehrere Jahre blieben. Sie sind die Stammeltern der bekannten vielzähligen Künstlerfamilie gleichen Namens. —

Für die ältern, in den „Jägern" beschäftigten, oder vielmehr neu debütirenden Mitglieder verweise ich: für Malcolmi und seine Familie auf Abschnitt XX; für Hrn. Einer auf die Episode VII; für die Familie Neumann, so wie auch Hrn. Becker, auf die folgende Episode IV, und für letztern noch auf den mit XVI bezeichneten Abschnitt.

Weitere im Jahre 1791 neuangestellte Mitglieder waren:

Herr und Madame Gatto.

Franz Anton Gatto, geboren 1754 zu Krems an der Donau, und seine Gattin kamen von der Großmann'schen

Gesellschaft in Hannover. Ein Schreiben an Kirms aus der Zeit, da das Engagement schon abgeschlossen war, liegt vor. Es lautet:

„Hannover den 22ten April 1791.
Wohlgeborner Herr!
Hochgeehrtester Herr Land=Kammer=Rath!

Sogleich wollte ich auf Dero gütiges Schreiben vom 11. Dieses antworten, da ich aber den verlangten Dialog gerne mitschicken möchte, so überging ich einen Posttag. Ich gab ihn sogleich einem jungen Menschen von der Ge= sellschaft zu schreiben der mir versprach heute fertig zu werden; noch heute werde ich ihn in seinem Quartier auf= suchen, und wenn er diese Nacht fertig wird, so schicke ich Ihnen denselben Morgens mit diesem Brief.

Daß Grossmann von mir die Summe von 180 Thlr. zu fordern hat, ist leider die Wahrheit. Ich bitte also um einen Brief an den Hrn. von Berlepsch damit er mich unterstützen möchte und ich in keinem Falle aufgehalten werde. Ich werde mich bestreben, da ich ohnehin von Hause Geld bekommen werde, längstens in neun Monaten meine ganze Schuld zu bezahlen.

Kommenden Donnerstag geht die Bagage ab von hier, ich nahm mir die Freiheit dieselbe an Sie zu addres= siren. Den Centner habe ich die Meile 4 Gr. accor= diret — es sind 5 Stück — nemlich 3 Koffers, einen

Kasten und einen Bett=Sack. Bitte solche in Empfang
zu nehmen.

Ich bin, nebst unterthänigster Empfehlung von mir
und meiner Frau an Hrn. Geh. Rath von Goethe,

    Hochachtungsvoll

        Ew. Wohlgeboren unterthänigster Diener
            Franz Gatto."

Gatto, der besonders als Buffo engagirt, als solcher
auch vortrefflich war, debütirte am 19. Mai als Titta in der
Oper Lilla; seine Frau am 12. Mai als Elsriede in dem
gleichnamigen Schauspiel. Beide gingen ab zu Ostern
1793.

Gatto wurde nach einigen Jahren wieder engagirt und
debütirte aufs neue am 12. April 1794 als Sarastro in
der Zauberflöte. Ihm, seinem Talente zu Liebe, wurde
denn auch seine Frau wieder angestellt und diese debütirte
am 18. Oktober desselben Jahres als Mondekar in Don
Carlos. Beide verließen Weimar abermals — und um
nicht mehr dorthin zurückzukehren — zu Ostern 1797.

Gatto's Nachfolger im Fache der Buffos war Hun=
nius.

        Demoiselle Rudorf,

von Wieland „das schöne Rudelchen" zubenannt,
wurde ebenfalls 1791 engagirt und debütirte am 6. Oktober als Sängerin im Mondkaiser. Sie ging 1794 ab
und heirathete bekanntlich den Major von Knebel.

Der letzte Neuangestellte dieses ersten Jahres des
Weimarer Hoftheaters war:

Christian Benda,

der Sohn des berühmten Georg Benda in Gotha.
Geboren zu Gotha 1763, hatte er 1778 die Bühne zum
ersten Male betreten und war nun seit 1786 als Tenor=
sänger in Berlin angestellt. Schon früher in Engage=
ments=Unterhandlungen mit Bellomo, hatte er sich unterm
19. Juli 1791 von Berlin aus an Vulpius gewendet
mit der Bitte, ein Engagementsgesuch bevorworten zu
wollen. Er schrieb demselben unter Anderm, daß er am
„Berliner Königl.National=Theater," welches er zu ver=
lassen gedenke, das „Fach der ersten Liebhaberrollen" spiele
und „wöchentlich 12 Rthr. Gehalt" beziehe. Seinem
Bruder Heinrich habe er Vollmacht gegeben, für ihn
mit Weimar zu unterhandeln, und wünschte er sehr dort=
hin zu kommen, weil er daselbst seinem „Vater" und
seiner „Vaterstadt nahe seyn würde."

Kirms setzte sich nun mit ihm in Verbindung und ein
Kontrakt wurde festgestellt, worin dem Benda 9 Thlr. und
ein „Douceur" von 1 Thlr. wöchentlich, ein Vorschuß von
30 Louisd'or und postmäßiges Reisegeld von 8 Gr. pro
Meile zugesichert wurde, er hingegen sich verpflichtete,
„denen Einrichtungen der Ober=Direktion, gleich den
Mitgliedern des Theaters, ohne Widersetzlichkeit nachzu=

kommen," worunter auch das „Statistenmachen" mitbe=
griffen war, auch gegen Ende des Monats September in
Weimar einzutreffen.

Benda kam und debütirte am 13. Oktober 1791 als
Belmonte in der Entführung aus dem Serail. Er scheint
indessen nicht allzu sehr gefallen zu haben, denn im fol=
genden Jahre, zu Ostern, sollte er schon wieder entlassen
werden.   Fräulein von Göchhausen erbarmte sich in=
dessen seiner und bewirkte bei Goethe, daß er noch den
Sommer über im Engagement bleiben durfte. Doch auch
der folgende Winter sah Benda noch immer in Weimar;
es wurde sogar ein weiterer Kontrakt mit ihm abgeschlossen
und so blieb er denn, und so fort von Jahr zu Jahr.
Später ordnete die Hoftheater=Kasse auch mehrmals die
sehr zerrütteten Finanz=Verhältnisse Bendas, die indessen
und trotz allem immer verwickelter und bedenklicher wur=
den. Goethe und Kirms halfen ihm jedoch immer wieder,
wohl in Betracht der geringen Gage von 40 Thlr. mo=
natlich für einen ersten Tenoristen, denn Benda
hatte sich schließlich doch als „ächter Sänger" bewährt und
festgesetzt.   Endlich kam denn die beste Hülfe für den
armen, gewiß hart und viel geplagten Tenorsänger in Ge=
stalt des alles ausgleichenden Todes, der ihn gegen Ende
des Monats November 1805 seinem durchaus nicht glän=
zenden Engagement, der Erde und all ihren Leiden ent=
zog, der fürstlichen Hoftheater=Kasse die Sorge überlassend,
seine von derselben verbürgten vielen Schulden zu be=

zahlen, was diese denn auch — zum Lobe Goethe's und Kirms' sei es gesagt — redlich that. —*).

Dies die Personal= und Engagements=Verhältnisse der Mitglieder, mit denen Goethe sein neues, so folge= wichtiges Unternehmen begann.

Ueber die andern bedeutenden Namen, die später noch hinzutraten, werden die folgenden Abschnitte weitere Aus= kunft geben.

---

*) Benda war nicht nur als Tenorist, sondern auch noch als Komponist und musikalischer Arrangeur für das Hoftheater thätig. Eine darauf bezügliche Rechnung von ihm mag hier noch Platz finden. Sie lautet:

„Gegenwärtige Musiken habe ich für das Herzogl. Weima= rische Hoftheater gemacht — als

1) Zu „Wie es Euch gefällt," 7 Lieder mit Accompagnement . . . . . . 4 Thlr.
2) Musik zur Geburtsfeier des Churfürsten von Sachsen . . . . 5 „
3) Minnesängerlied zu „Otto der Schütz" 1 „
4) Chöre zu „Lanassa" . . . . . . 6 „
5) Priester=Chor zur „Sonnenjungfrau" 3 „

Summa   19 Thlr.

Christian Benda,
Sänger beym Weimarischen
Hoftheater."

III.

Friedrich Ludwig Schröder und Goethe.

———

Schröder's Stammbuch. Schreiben Schröder's an Goethe. Schröder's Kassen-Einrichtung. Demoiselle Boudet. 1791.

Friedrich Ludwig Schröder, der große Schauspieler und gewandte Geschäftsmann, sollte auch ein Scherf-
lein aus dem reichen Schatze seiner Erfahrungen zur
Gründung, oder vielmehr Einrichtung des neuen Hoftheaters beitragen.

Dies aber war also gekommen.

Als im August des Jahres 1780 Schröder von seiner
großen Kunstreise durch Deutschland nach Hamburg zu-
rückkehrte, führte ihn sein Weg über Gotha nach Weimar,
wo der große Künstler mit Goethe zusammentraf, und
wohl zum ersten Male. Goethe zeichnete sich bei dieser
Gelegenheit in Schröder's Stammbuch mit folgenden
Worten ein:

„Zur Erinnerung eines Morgenspaziergangs zeichnete
    sich ein, Weimar den 15. August 1780, Goethe."

Im Jahre 1791, im April, trat Schröder eine
zweite größere Reise an, doch diesmal nicht, um sich dem
deutschen Publikum als Darsteller vorzuführen, sondern
um die verschiedenen Theater, ihre Einrichtungen und besonders talentvolle Anfänger genauer und persönlich kennen zu lernen und somit Gelegenheit zu finden, das Personal seiner eigenen Bühne in sicherer Weise zu ergänzen und
zu verbessern. Sein Weg führte ihn abermals über Weimar.

Meyer, Schröder's Biograph, sagt über diesen
Aufenthalt: „Er traf am 20. April in Weimar ein, fand
seinen Bode, die Gräfin Bernstorf, Wieland und
die Kummerfeld (Schröder's Jugendfreundin, in
Weimar engagirt) und machte die Bekanntschaft Goethe's
(soll wohl heißen: erneuerte sie — denn obige Stamm=
buchs=Einzeichnung zeigt deutlich, daß die persönliche Be=
kanntschaft schon längst gemacht war), Herder's, Goe=
schen's und Vulpius'. — Am 21. befand er sich in
dem ausgesuchten Kreise der Herzogin Mutter, wo er ei=
nige Auftritte aus „Hamlet" und „Lear", und Wie=
land's „Hannah und Gulzanah" vorlas. Nan ward
von ihm für die Hamburgische Bühne gewonnen. Am
22. verließ er Weimar wieder."

Noch hatte Schröder mit Goethe mancherlei ge=
sprochen. Letzterer, welcher eben im Begriff war, die
Leitung des neugegründeten Weimarer Hoftheaters anzu=
treten, wünschte von dem gewiegten Geschäftsmanne die
Einrichtung seines Billetverkaufs und der damit verbun=
denen Kontrolen kennen zu lernen. Auch hatte Goethe
im Sinne, ein in Mannheim aufgetauchtes jugendliches,
vielversprechendes Talent, Dlle. Boudet, für sein junges
Theater zu acquiriren und Schröder aufgetragen, ihm
über dieselbe zu berichten. Schröder ließ sein Stamm=
buch — sein steter Reisegefährte — in Weimar bei der
Kummerfeld zurück und reiste über Frankfurt nach
Mannheim, wo er am 3. Mai anlangte.

Hier sah er die Boudet zum ersten Male bei Renn=
schüb, dem Regisseur. In seinem Tagebuch befindet
sich darüber folgende Stelle: „Am 4. Mai traf ich bei
Rennschübs Dlle. Boudet, die recht artig spielen
soll, und nach Weimar geht, weil Hr. von Dalberg sie
abgedankt hat." — Diese Worte thun deutlich dar, daß
er keine Absicht hatte, jene ihm verhängnißvoll gewordene
Dame zu engagiren, sondern sie als für Weimar gewon=
nen betrachtete. Wohl aber änderte sich diese Ansicht, als
er die Boudet auf der Bühne sah und ein außergewöhn=
liches Talent in ihr erkannte. Es war am 8. Mai und zwar
in den „beiden Savoyarden", Operette von d'Alayrac.

Am Tage vorher hatte er Briefe von Weimar er=
halten, nebst dem Stammbuch, in welches Goethe sich
unaufgefordert noch einmal eingeschrieben hatte.

Diese zweite Einzeichnung lautete:
„Viele sahn dich mit Wonne, dich wünschen so Viele zu sehen.
Reise glücklich! du bringst überall Freude mit hin."
    „Weimar d. 25. April 1791.
                    Goethe."

In Schröder's Tagebuch heißt es darüber:
„Am 7. Mai. — Die Kummerfeld schickt mir
mein Stammbuch, das ich in Weimar gelassen. Innig
freut es mich, daß Goethe ohne Ansprache sich noch ein=
mal eingeschrieben hat. Ich setze mich alsogleich nieder,
um ihm das zu bezeugen."

Hier der Brief:

„Mannheim den 7. Mai 1791.

Wie innig hat es mich erfreut, daß Sie mein
Stammbuch noch einmal mit Ihrem Namen beehrt haben!
und welch eine Sammlung von Namen werd' ich haben,
wenn ich bei meiner Zurückkunft durch einige Scheren=
schnitte den Weizen von der Spreu sichte! — Gleich bei
meiner Ankunft trug man mir Dlle. Boudet an: ich
erwiederte, daß es zu spät sei, weil sie schon mit Weimar
in Unterhandlung stünde — doch begehrte ich etwas von
ihr zu sehen, und sie wird morgen in einer kleinen franzö=
sischen Operette: „die beiden Savoyarden", spielen. Mit
der strengsten Redlichkeit werd' ich meine Meinung nieder=
schreiben, an welchem Theater sie am nützlichsten ist. —
Ich fange diesen Brief heute an, weil es in Frankfurt und
Mannheim der erste Morgen ist, an welchem man die
Güte hat mich allein zu lassen, und will die Einrichtung
meiner Kasse niederschreiben.

Der Kassier ist beeidigt, so auch der Kontroleur.
Der Kontroleur hat einen Kasten wie eine Sparbüchse
gebaut — in dem Verhältnisse groß, als Billete das
Haus füllen. Einen ähnlichen Kasten, doch kleiner, hat
jeder Billeteur. — Der Zuschauer bezahlt den Kassier,
und empfängt von ihm ein Billet, welches er bei dem
Kontroleur abgibt, und von diesem ein Gegenbillet er=
hält, das der Zuschauer bei dem Billeteur abgibt. Der
Kontroleur und Billeteur sind gehalten, die ihnen von
dem Zuschauer gegebenen Billete sogleich in ihre Kasten

zu stecken. — Im vierten Aufzuge — wenn ein Stück
den Abend ausfüllt, oder zwischen Vor = und Nachspiel
— muß der Kassier dem Direkteur oder Regisseur schrift=
lich anzeigen, wie viel Billete er auf jedem Platz ver=
kauft habe, und der Kontroleur (nach denen ihm übrig
gebliebenen), wie viel er Gegenbillete ausgegeben habe.
Die Billete in dem verschlossenen Kasten des Kontroleurs,
so wie die Kasten der Billeteurs werden von einem
Dritten, den die Direktion dazu bestellt, gezählt, und die
Zahl ebenfalls schriftlich dem Direkteur oder Regisseur
zugestellt. So kann kein Betrug statthaben, und die
Quelle jeder Irrung leicht entdeckt werden. — Ist die
Einrichtung, daß man auch vor der gewöhnlichen Oeff=
nung des Hanses Billete haben kann, so müssen diese
von einer andern Farbe und numerirt sein. Den Nach=
mittag muß der Kassier schriftlich und auf folgende Art
anzeigen, wie viel er verkauft habe.

Montag, den 1. Mai, im Hause verkauft:

Erster Rang.

Nr. 3, Herr N. N. 4 Personen — Nr. 9, 10, 11, 12.
Nr. 6, Frau N. N. 3 Personen — Nr. 13, 14, 15.

Zweiter Rang.

Nr. 1, Herr N. N. 7 Personen Nr. 1, 2, 3, 4, 5, 6, 7 c.

Zur Ordnung gehört, daß kein Billet länger gelte,
als für den Tag, an welchem es gekauft ward; mithin
weiß man, welches Billet ausgeblieben und wo es ist.
Der Kassier erbittet es sich, als verfallen, zurück.

Alle Billete müssen gestempelt werden: jedoch nicht
von dem Kassier, und wenn er der ehrlichste Mann ist.
Je weniger Versuchung und Gelegenheit, je
leichter ist Ehrlichkeit.

Keine Rechnung muß direkte an den Kassier gehen.
Der Musikdirektor muß die Musikoriginalien untersuchen
und sein „Richtig" auf die Rechnung setzen; dann unter=
schreibt der Regisseur und der Kassier bezahlt.   So geht
es mit der Rollenschreiberei durch den Souffleur und
Regisseur, so mit den Farben und der Leinwand durch
den Maler und Regisseur, so mit den Zeugen, Zwirn,
Seide ꝛc. durch den Garderobier und Regisseur.

Alle Ausgaben müssen auf numerirte Rechnungen be=
zahlt werden, damit sie der Direktor leicht nachsehen kann.

Ich drücke mich vielleicht nicht deutlich genug über
die ökonomischen Einrichtungen aus, die ich besser im
Kopfe als in der Feder habe.

Montag, den 9. Mai.

Ich habe gestern Dlle. Boudet in den „beiden
kleinen Savoyarden" gesehen. — Man kann nun frei=
lich nach einer Jungensrolle, mit einer verstümmelten
Sprache, — nicht von einer Schauspielerin urtheilen —
aber sie schien mir Anlage zu verrathen, denn sie hat
Munterkeit und Dreistigkeit. — Die hiesigen Schau=
spieler versichern mich, daß etwas aus ihr werden könne,
wenn sie in gute Hände geräth.   Ich würde sie also
ohne Bedenken nehmen, weil mir Personen lieber sind,

die Anlage verrathen, als die sogenannten jetzigen großen
Schauspielerinnen. — Nach dem Vertrauen, welches Sie
mir geschenkt haben, werde ich keinen Schritt thun, kein
Wort verlieren, um sie an mich zu locken. Aber Beck
und einige andere Schauspieler glauben, daß es des
Mädchens größeres Glück wäre, wenn sie zu
meinem Theater käme; und ich als Schauspieldirektor darf ein Subjekt nicht abweisen, das etwas
verräth.

Mit der vollkommensten Hochachtung bin ich
Ew. Excellenz ergebenster
Schröder."

Nachschrift: „Dem. Boudet kann noch nicht formirt
sein, sonst würde Hr. v. Dalberg, der keinen Ueberfluß an guten Schauspielerinnen hat, und dem sie nur
400 fl. kostet, sie nicht entlassen."

Welche praktische Geschäftskenntniß, welche Rechtschaffenheit und Geradheit, und dafür auch wieder welches
Selbstbewußtsein spricht sich in diesen Zeilen des großen
Schauspielers aus. Wie umständlich, klar und belehrend
legt er Er. Excellenz, dem Herrn „Geheimden Rath"
und Intendanten des Weimarer Hoftheaters, dem berühmtesten Dichter Deutschlands, Goethe, die Einrichtung
seiner Kasse vor. Wie offen sagt er ihm, daß die Mannheimer Schauspieler glauben, wie es für die Anfängerin
ein größeres Glück sein würde, bei ihm, dem Schauspieler
Schröder, engagirt zu werden, als selbst bei Goethe.

Es war dies gewiß keine fade Schmeichelei von Seiten
der dortigen Bühnenmitglieder, sondern Ueberzeugung,
denn Schröder war schon der Mann dazu, Schein und
Wahrheit zu unterscheiden. Offen und voll Selbst=
ständigkeit stellt er sich Goethe gegenüber, ihm bedeutend,
daß, wenn die talentvolle Anfängerin wirklich mehr Zu=
trauen zu ihm, als zu Sr. Excellenz habe, er sie nicht ab=
weisen dürfe noch wolle, trotzdem, daß die junge Dame sich
bereits tief in Unterhandlung mit dem Weimarer Hof=
theater eingelassen. Wahrlich! diese wenigen Zeilen
lassen den in jeder Hinsicht bedeutenden Mann vollstän=
dig erkennen, und noch heute darf die Genossenschaft der
Schauspieler stolz darauf sein, daß einer aus ihrer Mitte
es wagen durfte, sich Goethe so gegenüber zu stellen.

Wie mag aber Goethe diese Belehrungen, dieses
offene Geständniß hingenommen haben?

Die Kasseneinrichtung ahmte er wahrscheinlich voll=
ständig nach; ist sie doch, mit wenigen Abänderungen,
heute noch dieselbe beim Hoftheater zu Weimar, so wie
bei den meisten deutschen Theatern. Dem. Boudet aber
engagirte er nicht; er trat der Schröder zurück,
welcher die Vielversprechende für seine Hamburger Entre=
prise gewann.

Goethe war dennoch in dieser Angelegenheit —
freilich ohne Absicht — glücklicher gefahren, als
Schröder. Einige Worte mögen dies schließlich noch
darthun.

Schröder hatte in sein eigenes Tagebuch, unter gleichem Datum wie sein Schreiben an Goethe (8. Mai) folgende Bemerkungen, die Boudet betreffend, eingetragen:

„— Joseph (in den „beiden Savoyarden"), Dem. Boudet meisterhaft, nur etwas zu viel Bewegung der Hände. Starke Stimme, auch im Gesange. Das Mädchen wäre ein wichtiger Erwerb für mich. —" Anders aber urtheilt er über sie bei Gelegenheit einer Privataufführung „des gutherzigen Vaters," die Iffland veranstaltete: „— Dem. Boudet, als Tochter, zu tragisch, zu geziert, zu sehr hopp, hopp! Doch zeigte sie viel Feuer."*)

Indessen, Schröder engagirte sie, und am 5. Oktober desselben Jahres trat sie in Hamburg zum ersten Mal im „Wechsel" auf, am 7. in den „beiden Savoyarden" und die Debütantin gefiel derart, daß das Stück in ungefähr zwei Monaten zehn Mal gegeben werden konnte. Doch bald verbreitete sich das Gerücht, der kleine beliebte Savoyarde sei in einem Zustande, „in dem ein Savoyarde nie sein könne, ein Mädchen nie sein solle." Schröder und seine Familie nahmen sich

*) Auch schon Tags darauf (10. Mai) heißt es in Schröder's Tagebuch: „Im Theater: Oberon. — . . Almansaris: Dem. Boudet. Das Figürchen machte sich hübsch, ihr Spiel war erträglich, die Sprache zu geziert, auch scheint sie, wie Stegmann, die Zähne zusammenzukneifen . . ."

der Boudet auf das wohlwollendste an, doch diese, anstatt solches vertrauungsvoll zu erwidern, verließ am 1. Januar 1792 mit ihrer Mutter heimlich die Stadt. Das Hamburger Publikum legte Schröder und seiner Strenge die Schuld dieses Schrittes bei, und als er am 4. Januar als Orgon im „Tartüffe" auftrat, war seine Darstellung von unaufhörlichem Pfeifen und Zischen begleitet, so daß er am Tage darauf die Anfrage in der Zeitung ergehen ließ, ob nicht „sichere Männer" geneigt wären, seine Verbindlichkeiten als Direktor des Hamburgischen Schauspiels jetzt schon zu übernehmen. — Bekannt ist, daß der bessere Theil des Publikums Schröder von solchen Ideen abbrachte und derselbe die Direktion noch eine Reihe von Jahren fortführte.

Dieser Boudet'sche Theaterskandal war — nach Meyer — eine der Hauptursachen, die dem großen Künstler seinen Beruf für immer verbitterten.

Dies war das Resultat des Engagements, von dem Schröder sich so viel versprochen.

Die Boudet ging als Schauspielerin nicht vorwärts, sondern zurück. Meyer sah sie wenige Jahre später in Frankfurt und fällt kein gutes Urtheil über sie. — Ein in dieser Epoche erschienener kleiner Stich von ihr zeigt ein kleines, zierliches Figürchen in dem barocken Haarputz damaliger Zeit, mit rundem, hübschen Gesichtchen, großen feurigen, verlangenden Augen und schalkhaft lächelndem Munde.

IV.

Euphrosyne.

Christiane Neumann-Becker; ihr Tod und erster Versuch sie zu ersetzen; Sophie und Marianne Koch und ihr Vormund Opitz. 1797.

Unter den Mitgliedern, die Goethe von der Bellomo'=
schen Gesellschaft für das neuerrichtete Weimarer Hof=
theater beibehalten hatte, befand sich unter andern auch
ein junges Mädchen von nicht ganz dreizehn Jahren, ein
Talent, welches nicht allein bedeutend zu werden ver=
sprach, sondern sich schon längst also bekundet hatte. Es
war dies die später von ihm als „Euphrosyne" so
herrlich besungene Christiane Amalie Luise Neu=
mann, geboren zu Crossen am 15. December 1778,
und Tochter des Schauspielers Johann Christian Neu=
mann, welcher 1784 mit Bellomo nach Weimar gekom=
men und allbort, eben vor Auflösung der Bellomo'schen
Gesellschaft, am 15. Februar 1791, gestorben war. Die
kleine Neumann hatte in Weimar am 2. Februar 1787,
also noch nicht volle neun Jahre alt, als Edelknabe in
dem gleichnamigen Stücke von Engel debütirt, und
durch ihr ausgesprochenes Talent, ihr liebenswürdiges,
natürliches Gebahren, ihre unverkennbar schönen Mittel,
ein solches Interesse erregt, daß der kunstsinnige Hof das
Kind alsogleich der berühmten Sängerin und Darstellerin
des ehemaligen Weimarer Liebhabertheaters, Corona

7*

Schröter, zur ferneren Ausbildung übergab. Bald
legte die Kleine weitere Proben ihres Talents ab und das
dreizehnjährige Mädchen sprach als Göttin der Gerechtigkeit
einen Prolog von Schiller derart gut und schön, daß
die Herzogin Anna Amalie sie in diesem Charakter in
Oel malte (welches Bild heute noch im Schlosse zu Des=
sau aufbewahrt wird). Etwas später spielte sie dann
auch noch die Marianne in den „Geschwistern", Jul=
chen im „Räuschchen" und andere muntere Mädchenrollen,
wie auch die Knaben in den Beil'schen und Iffland'schen
Stücken. Nach dem Tode ihres Vaters und der Auflösung
der Bellomo'schen Gesellschaft, wurde Christiane Neumann
nebst ihrer Mutter bei dem neuen Hoftheater angestellt, und
nun begann Goethe selbst Hand an die Ausbildung des
jungen talentvollen Mädchens zu legen, hatte auch bald
die Freude, die schönsten Erfolge seiner Bemühungen zu
ernten. In seinen Tages = und Jahresheften sagt er
bei Erwähnung seiner Uebernahme der Theaterleitung
über die junge Neumann: „ — Kurz vor der Verände=
rung starb ein sehr schätzbarer Schauspieler, Neumann;
er hinterließ uns eine vierzehnjährige (?) Tochter, das
liebenswürdigste, natürlichste Talent, das mich um Aus=
bildung anflehte." Sodann bei Besprechung seines Re=
pertoirs: „ — König Johann aber von Shakspeare, war
unser größter Gewinn. Christiane Neumann,
als Arthur, von mir unterrichtet, that wunderbare Wir=
kung; alle die Uebrigen mit ihr in Harmonie zu bringen,

mußte meine Sorge sein. Und so verfuhr ich von vorne
herein, daß ich in jedem Stücke den **Vorzüglichsten**
zu bemerken und ihm die Andern anzunähern suchte."

Ihr Talent entwickelte sich immer mehr, und das
junge Mädchen wurde nicht allein ein ausgesprochener
Liebling Goethe's, des Hofes und des Publikums, son=
dern auch fast die hervorragendste Erscheinung des Wei=
marer Hoftheaters. Wieland urtheilt über sie „daß,
wenn sie nur noch einige Jahre so fortschritte, Teutsch=
land nur **eine** Schauspielerin haben würde." Und spä=
ter sagt Iffland von ihr: „sie könne **Alles**; denn nie
werde sie in den künstlichen Rausch von Empfindsamkeit
— das verderbliche Uebel unserer jungen Schauspielerin=
nen — verfallen."

Im Sommer des Jahres 1793 heirathete sie in
Lauchstädt den Weimarer Schauspieler und Wöchner
Becker. (Siehe die Abschnitte II und XVI.) Zwei
Töchter gebar sie ihm, wovon die älteste, Corona, spä=
ter verehelichte Werner, als tüchtige Sängerin bekannt
wurde, die jüngere aber am 24. August 1797, kurz vor
der Mutter, starb. — Die junge Frau, deren Körper sich
wohl zu frühzeitig entwickelt hatte, wohl zu sehr ange=
strengt worden war durch ihre Bühnenthätigkeit und die
verschiedenen Wochenbetten, empfand bald die Folgen von
all diesem, und schon 1796 erkrankte sie bedenklich. Alle
Mittel wurden angewendet, doch anscheinend vergebens,
denn ihr Zustand verschlimmerte sich immer mehr und

bald derart, daß er ein höchst gefährlicher, hoffnungsloser
wurde, wodurch das Weimarer Hoftheater ihren endlichen
Verlust in nicht allzuweiter Ferne voraussehen konnte und die
Direktion desselben, Goethe, wie auch der Hofkammerrath
Kirms, der Vorstand des Oekonomischen, sich nach einem Ersatz umsehen mußten. Solchen Ersatz zu finden war indessen
gar schwer und doch mußte er gefunden werden. Das
Repertoir des Lustspiels, wie auch des Schau- und Trauer-
spiels wurde durch ihr Scheiden zerrissen, das mühsam
hergestellte, so schöne Ensemble gänzlich zerstört. Dem
mußte vorgebeugt, ein junges, frisches Talent gesucht und
gefunden werden, dessen Erscheinen und Wirken im Stande
sei, den Schlag, den das Hoftheater durch den Tod der
Becker treffen mußte, wenn auch nicht ganz abzuwenden,
doch minder fühlbar, gefährlich und verderbenbringend
zu machen. Goethe und Kirms waren in nicht geringer
Verlegenheit, denn die Krankheit der beliebten und tüchtigen Schauspielerin nahm immer mehr überhand und
erheischte schleunigste Hülfe. Im Frühjahr 1797 entzog
ein starker Anfall die Becker für längere Zeit der Bühne;
vor Schluß der Saison in Weimar trat sie indessen noch
einige Male auf (ihre letzte Rolle in Weimar war die
Ophelia, am 14. Juni obigen Jahres), dann ging sie mit
ihrem Gatten und der Gesellschaft nach dem angenehmen,
ihr so lieben Lauchstädt, spielte auch dort wieder, und man
gab sich schon in Weimar der Hoffnung hin, daß dieser
bessere Zustand noch einige, ja längere Zeit andauern würde.

Zwar besaß das Hoftheater noch mehrere weibliche Talente von Bedeutung, als Mad. Bohs (debütirte als Dems. Porth 1793), die Goethe einige Jahre vor obigem, für das Repertoir so entscheidenden Zeitpunkt als „zur Gurli wie geschaffen" bezeichnet hatte; dann Amalie Malcolmi, spätere Wolff, und die, seit Beginn des Jahres 1797 dem Hoftheater angehörende junge, bildschöne und talentvolle Jagemann, nachherige Frau von Heygendorf. Doch die erste Dame war im Vergleich mit der kranken Künstlerin schon etwas zu alt und dem naiven, muntern Fach auch wohl schon allzusehr entwöhnt, während die zweite zur Zeit nur in Nebenrollen und vorzüglich in der Oper verwendet wurde, und die Jagemann sich ebenfalls vorzugsweise nur in der Oper versuchte, auch zur Zeit wohl noch zu sehr Anfängerin war, um alsogleich das ganze Fach der Kranken, wie es das laufende Repertoir verlangte, übernehmen zu können. Man behalf sich indessen so gut es eben gehen wollte, hielt Rundschau und forschte vor allen Dingen nach einem jungen, versprechenden Talente.

Goethe glaubte endlich ein solches, einen passenden Ersatz für die arme kranke Becker, gefunden zu haben, und zwar in den beiden Demoisellen Koch, die zur Zeit bei der Seconda'schen Gesellschaft in Leipzig spielten. Besonders auf das ältere der beiden jungen Mädchen scheint er große Hoffnungen gesetzt zu haben, doch wollte er alle beide für sein Institut zu gewinnen suchen. Es

waren dies Töchter der berühmten Sängerin und Schau=
spielerin Franziska Romana Koch. Die ältere,
Sophie, war 1781, die jüngere, Marianne, 1783
geboren und beide Mädchen galten als höchst talentvoll
und bildungsfähig, besaßen dabei reizende Persönlichkeit,
schönes Organ, kurz, hatten alle Requisiten, die Goethe
von einem Ersatz für seine Lieblingsschauspielerin ver=
langte und nur verlangen konnte. Die Mutter hatte
zur Zeit der Seyler'schen Entreprise in Weimar gespielt
und gesungen und war 1774, nach dem Schloßbrande,
mit ihrem Prinzipal nach Gotha gezogen. Damals schon
hatte sie zwei Töchter, wovon die älteste, nachherige Kricke=
berg, sich als Schauspielerin wie auch als Schriftstellerin
einen Namen erwarb. — Madame Koch war später zur
Bondinischen Gesellschaft, die 1790 der Kassirer dersel=
ben, Franz Seconda, übernommen, gegangen und bei
derselben geblieben, bis sie 1796 gestorben. Ihre beiden,
obenerwähnten Töchter waren beim Tode der Mutter
demnach fünfzehn und dreizehn Jahre alt und mußten,
da sie ganz allein in der Welt standen (der Vater war
1794 in Charlottenburg gestorben), einen Vormund
haben. Als solcher wurde der bekannte Schauspieler
Christian Wilhelm Opitz ernannt, welcher 1789
aus Rußland zurückgekehrt, als Schauspieler und Regisseur
bei der Bondini'schen und dann Seconda'schen Gesellschaft
thätig und ebensowohl als tüchtiger Darsteller, wie auch
als Ehrenmann bekannt war. Er übernahm die Vor=

mundschaft über die beiden talentvollen und hübschen
Mädchen, unterrichtete sie und engagirte sie dann bei der
Seconda'schen Gesellschaft, die abwechselnd in Leipzig,
Dresden und Prag spielte. Ein bestimmtes Fach räumte
er ihnen indessen nicht ein, sondern sie mußten sich mit
wenigen guten Rollen und dem, was die übrigen Aktricen
übrig ließen, begnügen. Was sie eigentlich spielten, sagt
der Theater = Kalender von 1796: „Demoiselle Sophie
Koch, die ältere, junge Liebhaberinnen, Agnesenrollen;
Demoiselle Marianne Koch, die jüngere, erwachsene Kin=
derrollen und angehende Soubretten." Wenn sie nun
auch nicht allzuviel beschäftigt wurden, so war doch ihr
jedesmaliges Auftreten ein Erfolg, und Aufmunterungen
wurden ihnen vom Leipziger Parterre sowohl, als auch
vom kurfürstlichen Hofe zu Dresden in Menge zu Theil.
Bei der Gesellschaft war zu jener Zeit, außer einer Menge
anderer Aktricen, die bekannte Sophie Albrecht als
erste Liebhaberin angestellt, und als diese 1796 abging,
trat Madame Hartwig an deren Stelle. Für letztere
Dame scheint Opitz eine kleine Schwäche gehabt zu haben,
denn er protegirte sie sehr, ging sogar so weit, daß er
andern Mitspielenden Reden nahm, um solche der Rolle
der begünstigten Schauspielerin zuzufügen — welches
Verfahren indessen zu jener Zeit nicht ganz isolirt da=
stand. Durch solche Neigung mußte denn der, Madame
Hartwig und ihr Talent bewundernde Regisseur wohl
unwillkürlich mit dem Vormund in Konflikt kommen, wo=

bei ersterer natürlich den Sieg behauptete — zum Scha-
den der beiden jungen rollenbedürftigen Mündel. Diese
wurden auch bald recht unzufrieden, klagten über Zurücksetzung, schmollten, und somit fand sich denn der Boden
ziemlich gut vorbereitet und empfänglich für die Anträge,
die da aus Weimar kommen sollten.

Bei der Weimarer Gesellschaft befand sich zur Zeit
ein Schauspieler Beck — Bruder des Mannheimer —
mit seiner Frau, welche Beide außer ihrer Thätigkeit
als Darsteller noch bei allerlei Gelegenheiten und Vorfällen bereitwillig und geschäftig die Vermittler machten,
kurz nach verschiedenen Richtungen hin für die Hoftheater-
Direktion thätig waren. —

Beck war im April 1793 nach Weimar gekommen
und hatte besonders in niedrig komischen Rollen gefallen.
Goethe, der sein Talent für dergleichen Aufgaben schätzte,
schrieb eigens für ihn die Rolle des Schnaps in seinem
„Bürgergeneral", aufgeführt zum ersten Mal Ende 1793.
In den Tages- und Jahresheften sagt er darüber:
„— Ein im Fach der Schnäpfe höchst gewandter
Schauspieler, Beck, war erst zu unserem Theater getre-
ten, auf dessen Talent und Humor vertrauend ich eigentlich die Rolle schrieb." — Frau Beck war eine vortreff-
liche Mutter in Iffland'schen und Kotzebue'schen Stücken.
Ihr Gatte scheint indessen in der Folge allzuviel Talent
und auch Leidenschaft für „Schnäpfe" entwickelt zu
haben, denn schon zu Ostern 1800 wurde er entlassen

und zwar aus eben angedeutetem Grunde, während seine
Gattin noch lange Jahre ein würdiges Mitglied des
Weimarer Hoftheaters blieb und erst im Herbst des
Jahres 1823 mit schönem Ruhegehalt pensionirt wurde.

Dieses Ehepaar nun war mit den beiden Demoisellen
Koch, wie auch mit den zeitweiligen Verlegenheiten,
Wünschen und Hoffnungen der Hoftheater=Direktion wohl
bekannt und von letzterer dazu ausersehen worden, bei
diesem höchst wünschenswerthen Engagement die Ver=
mittler zu machen.

Etwa Mitte Juni (1797) war die Weimarer Gesell=
schaft nach Lauchstädt aufgebrochen. Beck, oder vielmehr
seine Gattin, hatte von dem Hoftkammerrath Kirms, wie
auch von Goethe den mündlichen Auftrag erhalten, bei
erster passender Gelegenheit von Lauchstädt nach Leipzig zu
fahren, um dort mit den Demoisellen Koch zu reden, zu
unterhandeln. Goethe, zur Zeit sehr beschäftigt mit dem
neuen Schloßbau, stand auf dem Punkte, eine Reise nach
der Schweiz, sowohl seinem „aus Italien zurückkehrenden
Freunde Heinrich Meyer entgegen," als auch „zur Um=
sicht nach einem geistreichen Architekten und geschickten
Handwerkern" für obigen Bau, anzutreten. Die durch
die Krankheit der Becker so unsicher gewordene Lage des
Hoftheaters mag Ursache gewesen sein, daß er diese
Reise von Tag zu Tag verschob, erst den Erfolg seiner
Bemühungen, den zu gewinnenden jungen Schauspie=
lerinnen gegenüber, abwartend.

Da langte Anfangs Juli folgender Brief des thäti=
gen Vermittlers Beck von Lauchſtädt an die Hoftheater=
Direktion an. — Obſchon derſelbe noch einige andere
Punkte enthält als die, welche uns hier und in dieſem
Augenblicke intereſſiren, ſo theile ich ihn doch vollſtän=
dig und wörtlich mit, wie alle übrigen noch folgenden
Urkunden.

„Lauchſtädt, den 3. July 1797.

P. P.

Im Begriff Ew. Wohlgeboren die lebhafteſten Ver=
ſicherungen meines ſchuldigen Reſpekts an den Tag zu
legen, erhielt ich von meiner Frau, die gehäufte Arbeit
und eine natürliche Tintenſcheue zurückhält, den Auftrag
nachſtehender Beantwortung: Wenn es der Reviſoriſchen=
Einrichtung auf Herzogl. Cammer nicht entgegen läuft, ſo
wird gebethen den Abzug des noch reſtirenden Holz=
Quantums, bis nach unſerer Ankunft im Vaterlande zu
verlegen. Es ſind bereits 34 Rdthlr. 6 gr. entrichtet
worden, welche die Gier der w e i b l i c h e n Oeſen ver=
ſchlang; mein R e l e g a t i o n s = K ä f i g benahm ſich
mäßiger. Indeß zollt man Ihnen den verbindlichſten
Dank für Ihre freygebige Berechnung!

Wenn ich aufrichtig ſprechen darf, und ohne jemand
zu compromittiren? iſt das Gerücht der B e ſ ſ e r u n g des
äußerſt mißlichen Zuſtandes der guten Mad. B e c k e r,
f a l ſ c h und u n g e g r ü n d e t: Sie kann — wenn Gott
kein W u n d e r thut — den nächſten May nicht mehr

erleben; Sie rückt durch die mindeste Anstrengung um
einen Grad dem Tode näher: es sind daher, nach meinem
unvorgreiflichen Ermessen, schleunige Gegenanstalten zu
treffen. — Die Finanzen gestatten meiner Frau dermalen
nicht eine Unterredung — vielleicht fruchtlos — mit
Demlls. Noch in Leipzig zu veranstalten, allein Madame
Quandt befindet sich dort: hübsch von Figur und Bil=
dung, 24 Jahre alt, spielt das Fach der Kranken, ver=
spricht große Anlagen und ist, durch eine von Opitz be=
günstigte Nebenbuhlerin (Mad. Hartwig) zurückgesetzt
— äußerst unzufrieden mit ihrer Verbindung. Ihr Mann
soll sehr brauchbar seyn und vorzüglich Alte gut spielen.
Beide können ihren Jahres=Contrakt aufheben, der an
Ostern begann, wenn ihnen auswärtige Anträge ge=
schehen. Ich habe dieses von Sachkundigen.

Unter den lebhaftesten Ehrerbietungs=Versicherungen
an Ihr ganzes vortreffliches Hauß, von uns Allen die
es nach Würden schätzen, ergehet an Demoiselle Ludecus
ergebenst die Anzeige, daß kein goldener Damen = Gürtel
mehr, weder in den Läden, noch auf den Taillen der Schö=
nen, sichtbar sei: die Laune der flatterhaften Mode wan=
delte aus dem Mineral = ins Pflanzenreich und schuf die
Fäden des edelsten Metalles in Strohhalmen um, die sich
nun ebenso elegant an die Grazienhüften schmiegen, wie
ihre Vorgänger. Das Andenken der schönen Nachbarin
erregt Stolz und dankbare Erwiederung. Wir sind ihr
manche rosenfarbene Stunde schuldig und zählen die

Minuten bis zu ihrer Ankunft mit beflügelten Wünschen. Unsere älteste Tochter nimmt sich fleißig und solide. Sie lebt für und in ihrer Pflegemutter mit Anhänglichkeit und Wärme. Die Jüngste — muß sich noch formiren. Ihr excommunizirter Dialekt erregt fast mehr Obstakels als ihre vernachläßigte Erziehung. Im Ganzen behagt uns Landstädt jährlich mehr: Es herrscht Ruhe und Auf= merksamkeit im Parterre: wir gewöhnen uns fast daran, Weimar weniger zu vermissen. Mit wiederholten Ehrer= bietungs=Versicherungen bin ich respektvoll

Ew. Wohlgeboren

gehorsamster Diener

Beck.

NB. Quandts wohnen am neuen Kirchhof in Leipzig."

Der Hofkammerrath Kirms, an den obiger Brief ge= richtet, beantwortete ihn sofort, ohne erst weiter mit Goethe darüber zu reden. Er schreibt:

„Weimar, den 5. July 1797.

An Herrn Beck.

Ich bin Ihnen für den Inhalt Ihres geehrtesten Briefs vom 3ten dieses sehr verbunden. Die Nachrichten von dem schlimmen Befinden der Madame Becker sind nicht tröstlich: sie schaffen neue Verlegenheit und neue Depensen.

Die Demoisells Koch wären uns am willkommendsten;

Hr. Opitz wird sie uns aber aus mehr als einer Ursache nicht zukommen lassen. Herrn Quandt habe ich spielen sehen und ist in sanften, leidenden Rollen brav. Auch Madame Quandt sahe ich in der Zauberin Sidonia eine langweilige weinerliche Rolle spielen. In dieser gefiel sie mir nicht; sie soll aber in naiven Rollen brav seyn. Sie ist eine Figur — den Bauch abgerechnet — wie die Pohs.

Die Zeit ist zu kurz um mit dem Herrn geheimen Rath sich darüber aussprechen zu können; ich bitte Sie aber an einem schicklichen Tage o h n e A u f s e h e n, mit Ihrer lieben Frau nach Leipzig zu reisen, und bey den Demsls. Koch sowohl, als auch bey Hrn. Quandt zu an= geln; zu hören ob und für wie viel Gage sie zu haben seyn möchten. Ueber 14 Rchsthlr. gehet man bey Neulin= gen nicht. Sie, oder Ihre liebe Frau thäten, als wenn Sie dieses für sich unternähmen, und versprächen dabey Ihre bona officia bey der hiesigen Direction anzuwenden. Diese hätte alsdann Zeit zu überlegen und sich zu ent= schließen. An Quandt dürfen w i r nicht schreiben, sonst stimmt er hoch, und es wird entweder nichts aus der Sache, oder sie verschiebt sich. Wenn sie gerne die Dresdner Gesellschaft verlassen wollen, so werden sie auch wohl sich melden und billige Bedingungen vorschlagen. Haben Sie die Güte das Fuhrlohn und was Sie sonsten bei dieser Reise aufwenden müssen, mir anzuzeigen, damit ich Ihnen den Ersatz übersenden kann.

Viele Empfehlungen an Ihre liebe Frau und an Demf. Matizeck von mir und den Meinigen, die für die Nachrichten von der Gürtel = Revolution herzlich danken.

Ihr ganz ergebenster Diener

F. Kirms."

Beck antwortete hierauf:

„Lauchstädt, den 10. July 1797.

P. P.

Die Speculations = Partie nach Leipzig hat sich noch nicht realisiren können; sie soll aber längstens in 14 Tagen, mit der pünktlichsten Observanz, vollstreckt werden. Wahrscheinlich auf einen Freytag, der in der ganzen Woche der Schicklichste ist. Mein Rapport wird sich bemühen, Ew. Wohlgeboren b u ch st ä b l i ch e Auseinander= setzung zu liefern. Ist es gegründet, daß die Gesellschaft im August Rudolstadt sieht? Es fördert die Erleichterung g u t unterzukommen, wenn Ew. Wohlgeboren die Geneigtheit hätten, mir desfalls einen stillen Wink zu ertheilen. Wir sind wohl, zufrieden, thätig; empfehlen uns Ihnen geflißentlichst und ich bestrebe mich vorzüglich einer Ehre würdiger zu werden mit der ich mich nenne

Ew. Wohlgeboren

ganz gehorsamster

Beck."

Dieser Brief, welcher die Leipziger Reise erst in vier= zehn Tagen in Aussicht stellte, muß eben dadurch Veran= lassung geworden sein, daß Kirms mit dem Hrn. Geheimen

Rath sofort über die Angelegenheit sprach), worauf denn
der Beschluß Goethe's gelautet haben mag, daß das
Beck'sche Ehepaar die so nothwendige Reise alsogleich,
ohne weitere Bedenken und Rücksichten, anzutreten habe.
Am 10. hatte Beck geschrieben, Kirms den Brief wohl
am Tage darauf erhalten. Am 12. ging die Antwort
des Hofkammerraths mit dem bestimmten Befehl zur Reise
ab. Am 13. traf diese wohl in Lauchstädt ein und schon
am folgenden Tage, noch bei Nacht und Morgennebel,
kutschirten die beiden Beck's nach Leipzig, alldort ihre für
das Weimarer Hoftheater und seine Direktion so hoch-
wichtige theatergeschäftliche Kommission aus = und durch-
zuführen.

Wie die Reise abgelaufen, was die beiden eifrigen
Vermittler Alles ausgerichtet, besagt die nun folgende
versprochene „buchstäbliche Auseinandersetzung," sogleich
nach erfolgter Zurückkunft von Leipzig aufgesetzt und
abgeschickt.

„Lauchstädt, den 16ten July 1797.

P. P.

Unsere Leipziger Excursion, habe ich Ew. Wohlgeboren die Ehre zu melden, ist am 14ten dieses vor Aufgang
der Himmelsleuchte angetreten und den Morgen am folgenden Tage halb sieben Uhr angenehm — die Müdig-
keit, ein Rest zwei verlohrner Nächte, auf= und abgerechnet
— beendigt worden. Sie war in Erzielung der H a u p t =
A b s i c h t sehr erwünscht! und kann für b e i d e Theile,

wenn sie dem Thema u n v e r r ü c k t ins Auge zu blicken
belieben? — von w e s e n t l i c h e m Nutzen seyn.

Die Demlls. K(och) trafen wir einsam und mißver=
gnügt im grünen Schilde, ihrer Behausung. Es war
Probe, die sie für lästige Gäste sicherte: Wir konnten
also frey reden und ihre Aufrichtigkeit ungestört sondiren.
Es sind ein paar E n g e l! die von allen weiblichen Eigen=
schaften blos die g u t e n zu besitzen scheinen. Sie be=
trachteten uns als Schutzgeister, und würden — nach
eigener Versicherung — auf der S t e l l e unserer Leitung
gefolgt seyn, wenn ihren freyen Willen keine tyrannische
Fesseln unterjochten. Den Stockmeister macht Opitz, ihr
Vormund, unter der Gestalt eines besorgten Vaters.
D i e s e n zu bekehren, welches u n u m g ä n g l i c h nöthig
ist, wollen sie sich zur Vermittlerin die Hartwig — eine
mächtige Triebfeder! — erkiesen; da ihr, besonders an
der Existenz der guten Kinder weniger als nichts liegt
und ihr Emporkommen in jener Gegend durch i h r e n
Einfluß m i t unterhölt wird. Bevor aber die Mine
springen darf, sind von unserer Seite folgende Materia=
lien s c h n e l l beizuschaffen erforderlich: E r s t e n s, Ein
an Contrakt Statt abgefaßter Brief der sie Beide mit
14 Rchsthlr. wöchentlicher Gage deckt. NB. Opitz hat
verlauten lassen, „wenn Ihr Euch verbessern könnt und
unter eine sichere Führung auswärts kommt, so will ich
Eurem Glücke nicht entgegenstehen.“ Für das letztere
wäre meine Frau als Gewährsmann zu bestimmen, die

in den trefflichen Geschöpfen das Andenken der Mutter,
ihrer verlornen Freundin, ehrt und sich herzlich gern dieser
Angelegenheit unterzieht. Der Contrakt der Gedachten
dauert noch bis May. Ihre Gage ist gegenwärtig 12
Rchsthlr. die der Vormund kärglichst verwaltet. —
Zweitens, Muß der Brief so eingerichtet seyn, daß
ihn Jeder lesen darf. Drittens, Wär es ein Meister=
Streich! Opitz in diese Sache mit zu verweben, indem
man seine Schwächen benutzte, deren Er viele nicht deckt;
ihm die Fortschritte auseinander setzte, die den jungen
Kindern, am Firmamente wo eine Hartwig glänzte
und überhaupt ein so zahlreiches Weiber=Personal vorhan=
den wäre, nur spät erst gelingen könnten. Die Mädchens
sichern uns für den Verlust des Fadens den sie selbst
spinnen. — Es kann nicht leicht fehlschlagen: wenn Ihre
Mühwaltung das Gedachte von Weimar aus an mich
liefert, das Geheime sub rosa beizufügen beliebt und
mir die Beförderung überläßt. Alles ist in Leipzig ver=
abredet worden und meine Adr: in den Händen der
handelnden Personen, die gewiß mit Feinheit und Er=
wägung ihren Lieblingsplan unterstützen. Die Aquisition
wäre groß! Die älteste 16, die zweite 14 Jahre; schön,
gesittet, talentvoll, kunstgierig Beide; was gewänne
unsere Bühne! Die Jüngste spielt nebst muntern, schalk=
haften Mädchen, auch zugleich verkleidete Rollen; zum
Beispiel, die Jungen der Mad. Becker. Uebrigens ist ihr
eigentliches Fach, das der Vohs. Die ältere kann große

8 *

Ansprüche auf sanfte zärtliche Liebhaberinnen machen. Sie hat etwas schwärmerisches im Auge, das ihr sehr zu Statten kömmt. Beide ringen mit beispiellosem Eifer nach Ermunterung und Thätigkeit; die wir ihnen denn auch zusichern konnten bey uns. Sie zählen die Secunden bis zur Ankunft der erwünschten Briefe — weil vorher das Geheimniß vergraben bleibt und nichts in der Sache unternommen wird. Aeußerungen des Entzückens belebten sie, als ich schon kommenden Freytag ihre Erwartungen vielleicht zu befriedigen versprach. So stehen demnach die Constellationen, denen ich von ganzer Seele Gedeihen wünsche!

Onandts sprachen wir nicht. Sie haben 18 Rchsthlr. und sie leistet, höre ich, nicht was die Direction fordern kann.

Um die Depensen des Fuhrlohns zu mindern, ließen wir Demlle. Matiegzeck und Hrn. Becker pro rata an unserm Wagen Theil nehmen. Die Fuhre kam nebst Zehrung, Geleite ꝛc. auf unsern Antheil, das Trinkgeld mitgerechnet . . . . . Rchsthlr. 3. — 21 gr.
Unser Mund und Unterkommen
(es ist geprellt!), betrug . 　„＿＿2. — 18 „
　　　　　Summa Rchsthlr. 6. —— 15 gr.

Beigehender Zettel meldet, womit uns das Theater, durch die Galanterie des Hrn. Opitz, der uns 4 Billets auf den ersten Platz zuschickte — gratis regalirte. Es ist keines der würdigsten Produkte des Verfassers. Haff-

ner, und in einigen Stellen die Hartwig, haben es noch
gehoben.   Es hatten sich einige Seehunde in Uniforms
gehüllt.   Schirmern stand der Grafenrock auch beßer
als die Rolle.   Die Henke? — ist unter aller Kritik!
— Meine Frau empfielt sich ergebenst. Sie hätte etwas
Interessantes Ihnen mündlich aufbewahrt. Machen
Sie doch gefälligst bald und glücklich dem gepreßten Geheimniß Luft.

Ganz der Ihrige
Beck."

Kirms konnte mit dem Inhalt dieses Briefes, mit
den Bemühungen und erzielten Resultaten seines gewandten Vermittlers wohl zufrieden sein.   Hatte der Herr
Hofkammerrath und Kollege Goethe's sich in seinem ersten
Schreiben als gewiegter Theater- und Direktions-Diplo-
mat gezeigt, so gab sein Vertrauter und Unterhändler ihm
in vorliegendem, letzten Schreiben durchaus nichts nach,
sondern zeigte sich als höchst schlauer und geriebener, in
Theaterangelegenheiten wohl bewanderter Geschäftsmann,
und deshalb vollständig des Vertrauens, der Ehre würdig,
die die Direktion ihm durch solche geheime und delikate
Aufträge zu Theil werden ließ.

Kirms theilte seinem Mitdirektor Goethe das Schreiben Becks, die scheinbar so guten Nachrichten mit, konferirte
mit ihm, was weiter in der Sache zu thun sei, und beide
Herren beschlossen, die Winke und Vorschläge ihres Agenten, des, also nicht allein „im Fache der Schnäpse" ge-

wandten Beck's, genau zu befolgen. Kirms erhielt den Auftrag, in angedeutetem Sinne an die beiden Koch, ebenfalls dankend und konsultirend an Beck zu schreiben. Er fertigte auch alsbald die Entwürfe beider Stücke, legte sie Goethe vor, welcher noch hie und da änderte, korrigirte, sie endlich, vollständig mit Form und Inhalt einverstanden, mit seinem sanktionirenden „G." versah, worauf die beiden Briefe kopirt, von Kirms unterzeichnet wurden und an ihre Bestimmungsorte abgingen.

Die von Goethe korrigirten und kontrasignirten Koncepte liegen mir nun weiter vor und folgen hier:

„Weimar, den 19. July 1797.

An Herrn Beck.

Sie erhalten mein lieber Herr Beck hiermit den verlangten Brief an die Demoiselles Koch und mit demselben auch das C o n c e p t zu Ihrer Einsicht, das ich mir aber zurück erbitte.

Ich habe darinnen des Herrn Opitz ehrenvoll gedacht und auch der Madame Hartwig Weyrauch gestreut. Das Uebrige was darinnen gesagt ist, führt zum Zweck und ist Wahrheit.

Der Herr geheime Rath haben sothanen Brief genehmigt, meinen aber es wären 14 Thaler für Anfängerinnen, im Verhältniß gegen andere, eine große Gage, und würden darunter die Garderobe Gelder für die französische Garderobe mit zu begreifen seyn.

Ihrer und Ihrer lieben Frauen Führung überläßt derselbe die vortheilhafte Regulirung dieser Angelegenheit.

Noch muß ich Ihnen einen Aufschluß über einen Punkt in gedachtem Briefe geben. Daß ich nemlich sage, der Herr geheime Rath würden verreisen, ist theils gegründet; zum Theil geschiehet es aber auch deswegen, daß Opitz, mit dem ich in gutem Verhältniß stehe, der auf den Herrn geheimen Rath aber, weil seine Tochter hier nicht angebracht werden konnte, nicht wohl zu sprechen seyn dürfte — nicht aus Rache gegen die Sache handeln möge.

Von Ihrer und Ihrer lieben Frauen Eifer bey dieser Unternehmung, versprechen sich der Herr geheime Rath und auch ich den besten Erfolg und danken Ihnen im voraus dafür gar sehr. Zu Bestreitung der aufgewandten Reisekosten, und dessen was Sie noch aufzuwenden genöthigt seyn möchten, lege ich Ihnen 7 Lbthlr. (Kirms schrieb „2 Carolins", welche Summe Goethe eigenhändig in „7 Lbthlr." änderte!) bey, worüber Sie, mich zu quittiren die Gefälligkeit haben werden. Der ich ꝛc.

K."

Das diplomatische Schreiben an die beiden Koch lautet:

„An Mes Demoiselles Koch.

Mitglieder der Churfürstl. Sächsischen Hof-Schauspieler-
Gesellschaft

anjetzt in Leipzig.

Weimar, den 19. July 1797.

Bey meiner wie wohl kurtzen Anwesenheit während
der letzten Oster Messe in Leipzig sahe ich einige Vorstellungen, in welchen Ihnen Beyden Rollen zugetheilt waren. Ich erinnerte mich Ihrer braven Mutter, mit der
ich hier oft in freundschaftlichen Zirkeln gewesen, und
deren Andenken bey mir dadurch wieder neu wurde, das
auch bey Weymars Bewohnern noch nicht verloschen ist.
Ich sahe aber auch eine Madam Hartwig, die mich im
naiven Fach ganz contentirte, im zärtlichen aber bis zur
Verwunderung hinriß. In ihr haben Sie zwar ein Vor-
bild, allein Sie haben Beide keine Gelegenheit, nach diesem Vorbilde sich zu vervollkommnen, da diese nur die
interessanten Rollen in beyden Fächern spielt und, weil
man sie gerne siehet, auch natürlich spielen muß.

Bey dem Weimarischen Theater, welches unter der
Intendanz des Herrn geheimen Raths von Goethe stehet,
und wobey Unterzeichneter der Aufsicht über das Oecono-
micum sich unterziehet, in Abwesenheit aber gedachten
Herrn geheimen Raths auch jene Geschäfte mit zu besorgen hat, scheinen beyde Fächer, nämlich der zärtlichen
und muntern Liebhaberinnen, erlediget werden zu wollen,
indem Madame Vohs sehr corpulent wird und nach und

nach ins Mütterfach über zu gehen genöthigt werden
wird, Madame Becker aber nach einer ausgestandenen
Brust=Krankheit dem Anschein nach einer Auszehrung
unterliegen dürfte.

Dieses — obgleich für das hiesige Theater unan=
genehme Ereigniß, möchte wohl eins der vortheilhaftesten
für die Töchter meiner vormaligen Freundin seyn, wenn
sie anders in wichtige Rollenfächer zu treten und die zeit=
herige Gesellschaft mit Einstimmung Ihres Vormunds
(Kirms schrieb: „ — die Gesellschaft nebst Ihrem Vor=
mund ꝛc. ", welche Stelle Goethe, bedeutend gewissenhafter,
in „mit Einstimmung Ihres Vormunds" änderte), den
Herrn Opitz, den ich kenne und schätze, zu verlassen sich
entschließen könnten.

Da die Kränklichkeit der Madame Becker bekannt
wird, so melden sich auch verschiedene Subjecte zu dieser
Stelle, die übrigens in gutem Rufe stehen, mit einem
aber von diesen einen Contrakt einzugehen ich verhindern
werde, bis ich weiß, ob Sie, meine sehr werthen Demoiselles, etwa Lust hätten, Ihr zeitheriges Theater mit dem
hiesigen zu verwechseln.

Der Herr geheime Rath von Goethe sind eben im
Begriff eine Reise nach Frankfurt und in die Schweiz zu
machen; haben mir daher Ihre Geschäfte beym Theater
auf einige Zeit abgetreten, und überlassen mir, auf welche
Art ich das Fach der Madame Becker — aber zur Scho=

nung dieser guten Frau so bald als möglich — besetzen
werde.

Haben Sie also Lust jetzt, oder längstens in sechs Wochen,
oder auch zu Michaelis, zu dem hiesigen Theater zu treten, so
biethe ich Ihnen ein Engagement auf drei Jahre und wenn
Sie wollen, auf noch längere Zeit, mit einer wöchentlichen
Gage von Vierzehn Thalern für Beyde hiermit an. Der hiesige Ort bildete so manchen Künstler: ich zweifle daher nicht
im geringsten, daß Sie keine Ausnahme davon seyn werden. Indessen will ich Sie Ihrem Theater nicht durch
Ueberredung entziehen, sondern ich frage hierdurch bey
Ihnen nur an. Ueberlegen, prüfen Sie diese Vorschläge
mit Ihrem Herrn Vormund, der Ihr Glück gewiß nicht
verhindern wird, da jenes Theater ein ohnehin starkes
weibliches Personale hat.

Tugendhafte Frauenzimmer werden hier sehr geschätzt
und werden dadurch bestärkt wenn sie Gelegenheit zum
Gegentheil bekommen sollten, wozu es hier aber würklich
fehlt. Wenn Sie einen Vormund brauchen sollten, so
werden sich schon brave Menschen finden, die sich Ihrer
annehmen, und von mir können Sie, so lange Sie brav
seyn und sich gut aufführen werden, jederzeit auf guten
Rath und auch auf gute Unterstützung rechnen.

Nur muß ich bitten, daß Sie mir Ihre Entschließung
bald bekannt machen, damit ich schleunige Anstalt treffen
könne, die gute Beckerin, durch Annehmung anderer Anerbietungen zu unterstützen.

Sie werden sich nicht wundern, woher ich alle Ihre Verhältnisse zu Herrn Opitz wissen könne, wenn ich Ihnen hiermit eröffne, daß Ihre gute Aufführung auch von den Officianten Ihres Theaters geschätzt wird: denn Ihr Theaterfriseur, welcher meiner Niece, die mit mir in Leipzig war, während des Frisirens verschiedentliches erzählt, hatte auch sehr zu Ihrem Lobe sich herausgelassen, das mir jetzt zu statten kommt.

Unter allen Verhältnissen, wenn Sie auch diese meine Anerbietungen anzunehmen Bedenken finden sollten, wird der Freund der Mutter auch vorkommenden Falls der Freund ihrer braven Töchter seyn, mit welchen Gesinnungen ich hochachtungsvoll zu seyn die Ehre habe

Ihr   2c. 2c.

K."

Beck fand den Brief in jeder Hinsicht vortrefflich; bei Rücksendung des Koncepts schreibt er:

„Lauchstädt, den 24. July 1797.

P. P.

Ew. Wohlgeboren danke ich verbindlichst für die schmeichelhafte Communication des rückkehrenden Concepts. Wer so wie Sie darinnen bewiesen — alle Accorde so oder zu greifen weiß? dürfte unmöglich die reine Melodie verfehlen. Nur tyrannische Vormündelei müßte in den Weg treten, und aus natürlichem Eigensinn die rosenfarbene Aussicht der gequälten Mün-

del schwärzen. Es ist am verwichenen Sonnabend bey
Absendung des Ihrigen, zugleich in meinem Briefe, zum
Ueberflusse der wichtigste Theil unseres Gesprächs in
Leipzig dem Gedächtniße der Mädchen recordirt worden;
der die Wichtigkeit d i e s e s Moment's: b e d a c h t s a m und
f e i n zu handeln, mit allen seinen positiven und negativen
Folgen auseinander setzt. Sobald die Antwort erfolgt,
wird sie Ihnen ursprünglich übermacht. Was die Regu=
lierung der französischen Garderobe anlangt? ist schon
vorläufig der hiesigen Einrichtung mündlich Erwähnung
geschehen und es sey unsere Sorge sich darein zu fügen.

Das vermehrte Quantum meiner gehabten Auslagen,
überrascht um so mehr meine billigen Erwartungen, in=
dem meine freygebige Direction mit der Veranlaßung zu
jener Lustpartie auch einen profitabeln Gewinn verbindet.
Mir bleibt keine weitere Erwiederung übrig als der heiße
Drang nach Gelegenheit wo sich mein verbindlichster
Dank in thätigen Dienstleistungen realisiren kann! Die
erhaltene Summe bestand aus 5 ganzen und 4 halben
Laubthlr: welches ich beigehend quittirend zu berechnen
die Ehre habe.

Meine Frau die sich nicht minder geflissentlich als
Ihr ergebenster Diener dem Herrn Hofkammerrath nebst
achtungswürdigster Familie gehorsamst empfiehlt, trägt
mir auf folgenden Scrupel zu lösen: Die von Seiten der
Demlle. Matiegzeck gemachte Forderung, wegen eines fast
unmöglich zu accordirenden Urlaubs — sey nicht durch

ihren Einfluß, sondern ganz g e g e n denselben entstanden.
Ueberhaupt scheint die Gedachte sich von Woche zu Woche
immer entfernter von dem Pflegmütterlichen Hauße zu
halten. Sie stellt ihre Besuche auffallend ein, verlangt
weder Unterricht noch Rath. Es mag eine Art Rivali=
tät daran Schuld seyn, keins von beyden mit einer z w e i =
t e n Person zu theilen, oder ein überzeugendes Gefühl:
es nicht weiter zu bedürfen. Freundschaften d i e s e r
Art a u f z u d r i n g e n — würden lästig fallen, dem man
sie erweisen will. Mit steigendem Wunsche harret dem
Augenblick Ihrer Ankunft entgegen

Ew. Wohlgeboren
ganz gehorsamster Diener
Beck. "

Beck's zuversichtliche Sprache ließ, besonders da er Per=
sonen und Verhältnisse in Leipzig genau zu kennen schien,
den besten Erfolg all dieser Bemühungen hoffen. Goethe
muß sich dadurch haben beruhigen lassen, denn er dachte
nunmehr ernstlich an seine endliche Abreise. Er ver=
brannte — was er später bedauerte gethan zu haben —
alle an ihn seit 1772 gesendeten Briefe, empfing noch
den Besuch Schiller's, wobei Manches über den Wal=
lenstein gesprochen, festgestellt wurde, und reiste dann
am 30. Juli ab und nach Frankfurt, der Sorge des
Hofkammerraths Kirms die Geschäfte des Hoftheaters,
und besonders den glücklichen Abschluß der schwebenden

Unterhandlung mit den beiden Kochs allein überlassend.
Letzteres Geschäft zu gutem, und vor allen Dingen zu
raschem Ende zu bringen, sollte aber durchaus nicht so
leicht werden, als beide Herren und auch ihr Vermittler
Beck gedacht.

Die beiden jungen Mädchen, die sich dem Weimarer
Agenten und dessen Frau gegenüber allein, im vertrau-
lichen Gespräch, sehr mißvergnügt, unzufrieden mit ihrem
Vormund, ihrer Stellung, auch bereit gezeigt hatten, nach
Weimar zu gehen, wußten sich nunmehr, nach Empfang
des wichtigen Briefes, nicht recht zu helfen. Unerfahren,
auch wohl eingeschüchtert wie sie waren, ohne weitern
persönlichen Beistand, mußten sie sich ihrem Vormund
allein und unbedingt anvertrauen, und dieser scheint
durchaus nicht vergessen zu haben, daß ihm in Weimar
etwas, nach seiner Ansicht, Unbilliges widerfahren. Er
muß sich von Goethe gekränkt, verletzt gefühlt haben,
denn seine ganze Handlungsweise, bis zum Schluß der
Angelegenheit, deutet darauf hin, daß er, trotz der aller-
dringendsten Bitten des Weimarer Theater-Vorstandes,
die Mädchen nicht fort, nicht nach Weimar lassen will,
obschon die Personal-Verhältnisse der Seconda'schen Gesellschaft solches recht gut erlaubt hätten.

Nachdem die beiden Mädchen ihrem Vormund das
Schreiben Kirms' mitgetheilt, ihn konsultirt hatten, was
sie in der Sache nun ferner thun sollten, thun dürften,
veranlaßte sie Opitz — wahrscheinlich unter seiner

Diktation und sicher nicht im Einklange mit ihrem eigenen Denken und Wünschen —, den nun folgenden Brief zu schreiben, der dann an Beck nach Lauchstädt gesendet wurde, wo ihn Kirms, den Geschäfte des Theaters dorthin geführt, persönlich in Empfang nahm.

Diese Antwort, auf die man in Weimar so schöne Hoffnungen gebaut hatte, lautete:

„Leipzig, den 26ten July 1797.

Hoch Edelgeborner Herr!

Dero geehrtes Schreiben haben wir richtig erhalten, und danken Ew. Hoch Edelgeboren ganz ergebenst für Ihre wohlwollende Gesinnungen, die Sie aus Freundschaft für unsere verstorbene Mutter so gütig und theilnehmend gegen uns darin äußern.

Gerührt von dem freundschaftlichen Antheil den Sie an unserm Schicksal nehmen, würden wir gewiß keinen Augenblick anstehen, von Ihrem gütigen Anerbieten Gebrauch zu machen, wenn irgend eine Nothwendigkeit uns veranlaßte, mit unserer gegenwärtigen Lage unzufrieden zu seyn. Im Gegentheil schätzen wir uns glücklich, bey einem Theater wie das hiesige zu seyn, wo dereinst die glänzendsten Aussichten unserer harren. Ueberdies stehen wir mit dem hiesigen Theater in Kontrakt und können ohne unsern Vormund, den Herrn Opitz, nichts unternehmen, indem unser Wille dem seinigen ganz eingeschränkt unterworfen ist, überzeugt, daß er stets unser

Glück und unser Bestes zu befördern suchen wird. Wir
bitten also, sich an unsern Vernunft selbst zu wenden:
was er zu unserm Besten beschließen wird, dem werden
wir uns mit dem bereitwilligsten Vergnügen gern unter=
werfen.

Nochmals danken wir Ew. Hoch Edelgebohren ganz
ergebenst für Ihre Theilnahme und freundschaftliche Ge=
sinnungen gegen uns. Wir bitten versichert zu seyn, daß
wir selbige mit innigster Erkenntlichkeit zu schätzen wissen,
und ihrer stets eingedenk, mit wahrer Hochachtung und
Ergebenheit die Ehre haben zu verharren

Ew. Hochedelgebohren

ganz ergebene

Sophie Koch.

Marianne Koch."

Der sich irgend wie durch Weimar gekränkt fühlende
Schauspieler hatte Revanche genommen. Durch seine
Mündel hatte er Goethe und Kirms sagen dürfen, daß
die beiden Anfängerinnen das Theater, dem er, Opitz,
vorstand, eben so hoch, wohl gar noch für besser hielten
als selbst das, welches Goethe leitete, was dem Kursäch=
sischen Hof=Schauspieler wohl keine kleine Befriedigung
gewährt haben dürfte.

Ich möchte gerne — für die Ehre des sonst so
wackern Schauspielers und braven Mannes — glauben,
daß der Stolz seines Standes, der ihn beseelte, das

Bewußtsein seines bessern Könnens und Wissens, ihm
diese Sprache, Goethe gegenüber, in den Mund gelegt.
Doch das spätere Verhalten von Opitz in dieser Angele=
genheit — obschon er immer würdig, in den Schranken
bleibt, sogar eine Gelegenheit großmüthig vorübergehen
läßt, das Weimarer Hoftheater schwer zu kompromittiren
— läßt mich auf diese, für den Schauspielerstand im All=
gemeinen so wohlthuende Ansicht verzichten, und die frü=
her ausgesprochene als einzig wahre und richtige in den
Vordergrund stellen, nämlich daß Opitz, gegen Goethe
und Weimar eingenommen, von solchen Nebengedanken
geleitet, also handelte.

Er wollte Weimar nun einmal nicht den Willen thun.
Deshalb hatte er auch, um ganz sicher zu gehen, durch
obigen Brief die Unterhandlungen aus den Händen der
beiden Mädchen und in die seinigen genommen, wodurch
er die Sache vollständig nach seinem Willen zu Ende füh=
ren konnte.

Kirms, durch den diktirten Brief an Opitz gewiesen,
sandte demselben denn auch von Lauchstädt aus sofort
folgendes Schreiben, begleitet von dem Briefe der
Mädchen.

„Lauchstädt den 3. August 1797 *).

An Herrn Opitz,

Regisseur des Dresdner Hoftheaters in Leipzig.

Durch Gefälligkeit.

Aus der Beylage mein schätzbarer Freund, werden Sie ersehen, daß die Dem. Koch, an die ich geschrieben habe, mich an Sie gewiesen haben. Ich bitte, damit ich alle Details vermeide, laßen Sie sich meinen Brief zeigen. Wenn Sie diese Frauenzimmer, ohne daß es Ihr Theater derangirte, an das hiesige ablaßen könnten und wollten, so würden Sie mich p e r s ö n l i ch Ihnen sehr verbinden, da ich die Geschäfte beim Theater alleweile allein über mir habe, indem der Hr. geheime Rath von Goethe nach Franffurt gereißt ist, von da weiter in die Schweiz und vielleicht nach Italien gehen wird. Schlagen Sie mir daher diese Gefälligkeit nicht ab, wenn Sie können. Sie können bei andern Gelegenheiten auch wieder auf mich rechnen dergestalt, daß wenn Sie die Demoiselles Koch dereinst wiederverlangen, ich dazu die Hände biethen werde. Bis heute über acht Tage bin ich hier in Lauch= städt und wünsche daß Sie mich mit einer Antwort beeh=

---

*) Daß Kirms den Brief der beiden Koch, den er in Lauchstädt empfangen, am 3ten August von demselben Orte aus beantwortete, dürfte Beweis sein, daß Goethe (vor der Hand) keine Kenntniß von dem etwas verletzenden Schreiben erhalten hatte, sondern, wie früher angedeutet, das Beste bei= send abgereist war.

ren, damit ich auf eine oder andere Art Anstalten treffen
kann. Ich habe die Ehre mit vollkommendster Hochach=
tung zu seyn

Dero   ꝛc."

Opitz, mit sich vollständig im Klaren, was er zu thun
und zu lassen habe, antwortete, den Brief seiner beiden
Mündel zugleich zurücksendend, sofort:

"Leipzig, den 7ten August 1797.

"Auf Ew. Hoch Edelgeboren erhaltenes Schreiben,
habe ich hiermit die Ehre zu erwiedern und zugleich zu
versichern, daß ich meinerseits herzlich gerne bereit bin,
mich Ihnen, so weit es meine Kräfte erlauben, jederzeit
gefällig zu bezeigen. In dem angesuchten Fall aber muß
ich bedauern, Ihrem Wunsch und Ihrer Bitte vor der
Hand nicht sogleich unmittelbar erfüllen zu können, indem
meine beyden Mündel die Demoiselles Koch), bey unserm
Theater in Kontrakt stehen, deßen Verpflichtung noch drey
viertel Jahre dauert, und deßen Aufhebung ich sowol als
Vormund, wie auch als Regißeur, vor Ablauf der
bestimmten Zeit, nicht wohl genehmigen kann, weil da=
durch ein nachahmendes Beyspiel für die übrigen Mit=
glieder unseres Theaters erwachsen könnte.

Nach geendigtem Kontrakt aber, und nachdem ich
gerichtlich vor dem Churfürstlichen Amte in Dresden, auf
meine übernommene Verbindlichkeiten als Vormund frey=
willig resignirt haben werde; vorausgesetzt daß alsdann

9*

die Rollenfächer meiner Mündel durch andere brauchbare
Subjekte wieder besetzt werden können, will ich Ihrem
Theater die beyden Demoiselles Koch, wenigstens die
älteste, an deren Aquisition Ihnen besonders viel gelegen
zu seyn scheint, mit bereitwilligem Vergnügen vor allen
andern Theatern vorzugsweise abtreten.   Oder sollten
die Unterhandlungen in denen ich bereits mit zwey jun=
gen Actricen stehe, noch v o r Endigung des Kontrakts
meiner Mündel zu Stande kommen, alsdann will ich in
Rücksicht Ihrer gern eine Ausnahme von der Regel
machen, und um mich Ew. Hoch Edelgeboren gefällig zu
beweisen, Ihnen die älteste Demoiselle Koch früher über=
lassen.

      In dieser Voraussetzung habe ich die Ehre mit aus=
gezeichneter Hochachtung mich zu nennen

                Ew. Hoch Edelgeboren

                            ganz ergebenster
                            Opitz. "

      Es waren Ausflüchte; Hoffnungen, mit der einen
Hand gespendet, mit der andern wieder zurückgenommen,
die der hart bedrängte Hofkammerrath empfing. Madame
Becker, die am 31. Juli noch die Marie in „Liebhaber
und Nebenbuhler" von Ziegler gespielt (überhaupt ihr
letztes Auftreten, ihre letzte Rolle), war bedeutend krän=
ker geworden, wodurch Repertoir und Direktion in
größte Verlegenheit geriethen.   Deshalb erneuertes Bit=

ten, erneuerter Sturm auf den so harten Vormund. Der folgende Brief wurde sogar durch eine eigens dazu beauftragte Person nach Leipzig und an Opitz übermacht, welche letztere noch den weitern Auftrag hatte, die Antwort, die hoffentlich zustimmend ausfallen würde, sogleich wieder nach Lauchstädt zu bringen.

Der in mehr als einer Verlegenheit sich befindende Mitdirektor Kirms schrieb:

„Lauchstädt, den 9ten August 1797.

Nach einer Reise die ich in herrschaftlichen Angelegenheiten*) von Lauchstädt aus nach Deßau und Magdeburg seit vergangenem Freytag gemacht habe, und von der ich eben zurückkehre, erfahre ich die traurige Nachricht, daß am Freytag, Sonnabend und Sonntag unsere Madame Becker anhaltende Blutstürze gehabt hat, und wahrscheinlich nicht lange leben kann. Sie sehen liebster Freund, daß meine Besorgniße wegen derselben nicht ungegründet waren. Ich befinde mich daher in nicht geringer Verlegenheit, aus welcher mich niemand als Sie retten kann. Ich danke für Ihre gütige Zuschrift — dem Denkmahl Ihrer Freundschaft — herzlich. An Ihre Mündel schreibe ich nun nicht wieder, sondern ich wende mich noch einmal an Sie, weil ich weiß, daß wenn Sie wollen, Sie auch so vielen Einfluß und so vieles Ge-

*) Sicher auch in theatergeschäftlichen.

nicht haben, alle die Hindernisse die bey dieser Sache in
den Weg treten möchten, zu bekämpfen. Bedenken Sie,
da Madame Becker so gut als verlohren ist, und Ma=
dame Vohs künftigen Monat niederzukommen gedenkt, so
kann unser Theater in Kürze gar keine Schauspiele auf=
führen. Sie haben bey Ihrem Theater die fürtrefliche
Madame Hartwig und neben dieser noch einige bedeu=
tende Actricen, so daß Sie die ältere Demoiselle Koch bis
Michaelis wenigstens dem hiesigen Theater ablassen könn=
ten, bis dahin ich auf irgend eine Art andere Vorkehrun=
gen treffen würde. Sie unternehmen unterdessen was
Ihnen Ihr gutes Herz eingiebt, und bewürken, daß De=
moiselle Koch gänzlich ihres Contraktes entlassen werde,
oder daß sie zu Michaelis zurückkehre. Im ersten Fall
kann die zweite Dem. Koch, wenn Sie es verlangen ihren
Contrakt bis Ostern aushalten. Sie werden bey Ihrem
stark besetzten Theater nicht leicht in unsere Verlegenhei=
ten kommen; wäre es aber, so zählen Sie, wenn es nur
irgend in meinem Vermögen ist, auf meine Dankbarkeit
und Bereitwilligkeit Ihnen zu dienen. Da Dem. J a g e =
m a n n zur Ergänzung der mangelnden Vorstellungen in
voriger Woche zwey Vorstellungen, ingleichen heute und
morgen, noch zwey dergleichen übernommen, und nun
mit mir künftigen Freytag frühe nach Weimar zurückkeh=
ren wird; so verbinden Sie mich Ihnen außerordentlich
wenn Sie mir durch Ueberbringer dieses eine Antwort
zukommen lassen wollen.

Ich bin mit immer gleicher Hochachtung

Ihr   &c. "

Der hart bedrängte Kirms hatte diesmal alle Diplo=
matie aus dem Spiele und bei Seite gelassen; offen,
wohl etwas zu offen, hatte er seinem Gegner seine Lage,
seine Verhältnisse mitgetheilt. Wäre Opitz nur etwas
unbefangener, freundlicher für das Weimarer Hoftheater
gestimmt gewesen, so hätte er hier nachgeben, helfen
müssen. Doch er that es nicht; seine Antwort auf den
lamentabeln Brief des Mitdirektors Kirms war kalt,
ausweichend und förmlich wie der frühere, zugleich dies=
mal so bestimmt ablehnend, daß an eine weitere Unter=
handlung — vor der Hand — nicht wohl mehr gedacht
werden konnte.

Sogleich nach Empfang des Schreibens antwor=
tete er:

„Leipzig, den 10. August 1797.

Ew. Hoch Edelgeboren gegenwärtige Verlegenheit,
worin Sie durch die Krankheit der Madame Becker plötz=
lich versetzt worden sind, herzlich bedauernd, wünschte ich
nichts sehnlicher, als Ihnen Beweise geben zu können
wie gern ich meinerseits bereit bin, Sie in Ihrer unan=
genehmen Lage, durch unmittelbare Gewährung Ihres
geäußerten Wunsches sogleich zu unterstützen. Um so
mehr thut es mir leid, daß Umstände und die Lage der

Sache selbst, mich in der Ausführung meines besten
Willens aus folgenden Gründen hemmen.

Zuvörderst: ist der Entrepreneur unsers Theaters,
Herr Seconda, mit dem ich im Namen meiner Mündel
contrahirt habe, seit einem Monat in Geschäften auf Rei=
sen, ohne dessen Zuziehung und Genehmigung, ich nie=
manden, am wenigsten in seiner Abwesenheit, von seinen
Verbindlichkeiten dispensiren kann. Zweytens, würde der
schleunige Abgang der Demoiselle Koch, die in vielen neuern
Stücken einstudirt ist, mich, besonders in der bevorstehen=
den Michaeli=Messe sehr derangiren, da ich in der Ge=
schwindigkeit kein anderes Subjekt weiß, wodurch die
daraus entstehende Lücke sogleich wieder ergänzt werden
könnte. Drittens: darf ich, vermöge meiner Instruction,
nicht die allergeringste Veränderung bey unserer Bühne
sich ereignen, geschweige gar jemanden abgehen lassen,
ohne zuvor an Seine Excellenz den Herrn Grafen von
Bose in Dresden, Director des Churfürstlichen Hofthea=
ters, Bericht davon abgestattet zu haben.

Und endlich, wenn ich mich auch würklich aller mei=
ner, mir als Regisseur obliegenden Verbindlichkeiten zur
Beförderung Ihres Wunsches, entledigt und begeben hätte,
so kann ich als Vormund nicht eher meine Einwilligung
zu dieser Veränderung geben, als bis ich von dem Chur=
fürstlichen Amte und der Vormundschaftsstube in Dres=
den von meinen angelobten Pflichten wieder frey gespro=
chen worden, und zuvor die Ursachen angegeben habe,

warum ich meine Vormundschaft niederlege, und weshalb
Demoiselle Koch unser Theater verlassen will, eine Vor=
sicht, die meinerseits um so nöthiger ist, weil unser Hof
sich für die beyden Demoiselles Koch, in Rücksicht ihrer
verstorbenen Mutter, vorzüglich interesirt.

Diese angeführten Gründe werden hoffentlich mich
hinlänglich entschuldigen, warum ich Ihren Wunsch vor
der Hand so gern ich auch wollte, dennoch unmöglich er=
füllen kann. Selbst Herr Krüger, Onkel der beyden
Demoiselles Koch, wurde vor einiger Zeit in einer ähn=
lichen Angelegenheit, gänzlich abgewiesen. Ist aber mei=
ner Mündel Contrakt zu Ende, und ich kann alsdann
mich Ew. Hoch Edelgeboren gefällig bezeigen, so will ich
gerne der Gewährung Ihres gegenwärtigen Wunsches
vor andern Theatern den Vorzug geben.

Der ich übrigens mit inniger Hochachtung die Ehre
habe unverändert mich zu nennen

Ew. HochEdelgeboren

ganz ergebenster

Spitz. "

Nach diesem Schreiben waren keine weitern Unter=
handlungen mehr möglich und Kirms betrachtete die
Angelegenheit, sicher mit schwerem Herzen, als voll=
ständig gescheitert und abgethan, andere Verbindungen
anknüpfend, die aber leider für die Direktion auch
kein besseres Resultat haben sollten. Man mußte sich

behelfen. Fräul. Jagemann spielte mehrere Rollen der Kranken; eine Mad. Schlanzowsky traf ein und spielte am 16. August — wahrscheinlich die letzte dies=jährige Vorstellung in Lauchstädt — die Sophie in der Aussteuer. Auch erwartete man den bekannten Bassisten Hunnius, der mit seiner jungen Frau etwa im vor=hergehenden Juli engagirt worden war. Beide kamen von Salzburg, waren vorzugsweise für die Oper, das Singspiel engagirt, doch hoffte man, daß die junge Frau zur Noth auch einige Rollen der Becker würde spielen können. Diese war immer kränker, ihr Zustand schlim=mer geworden, so daß sie am 18. August kaum noch, und zwar im bequemsten Reisewagen des Herzogs, nach Weimar gebracht werden konnte.

Die Lauchstädter Kampagne war überhaupt zu Ende, die Mitglieder des Hoftheaters nach Weimar zurückgekehrt und die durch die Krankheit der Becker entstandene Stö=rung des Repertoirs die Ursache, daß in den Vorstellun=gen eine kleine Unterbrechung entstand und das Theater in Weimar noch nicht sogleich wieder eröffnet wurde.

Zwei Umstände beschleunigten den Tod der Becker: am 24. August starb ihre zweite Tochter und am 31. desselben Monats versetzte sie ein großer Scheunenbrand, der der ganzen Stadt äußerst gefährlich zu werden drohte, in tödtlichen Schrecken. Etwa drei Wochen darauf, am 22. September, schied sie „aus diesem Leben, ein Bild

der Geduld, der Milde und Güte, mit der vollsten Erge=
bung in den Willen des Allmächtigen "*).

Weimar, das deutsche Theater verloren in ihr ein
großes, seltenes Talent, eine würdige Priesterin der Kunst,
die später sicher als Stern erster Größe am theatralischen
Horizont geglänzt haben würde; Weimar aber noch zu=
gleich ein kaum zu ersetzendes Mitglied, und lange Jahre
noch sollte es nach einem würdigen Ersatz suchen, ohne
ihn zu finden**). — Allgemein sprach sich die Trauer

---

*) Musculus.

**) Die Hauptrollen der Becker (nach den Zetteln und der
Zusammenstellung Musculus') waren:

1. Im Lustspiel:

Die Nichte — „der Groß=Cophta"; Norradine —
„die glücklichen Bettler" von Gozzi; Marie — „Liebhaber
und Nebenbuhler" von Ziegler; Henriette von Sach=
sen — „die Entführung" von Jünger; Sophie — „die
Physiognomisten" von Bretzner; Juliane von Kronberg
— „die Zwillingsbrüder" von Schröder; Minna von
Barnhelm; Florida — „der Krieg" von Goldoni;
Therese — „Stille Wasser sind tief" von Schröder; Vic=
torine — „Victorine" von Schröder; Isabelle — „die
Quälgeister"; Euphrosyne— „das Petermännchen", tragi=
komisches Märchen.

2. Im Schau= und Trauerspiel:

Marianne — „die Geschwister"; Luise Ruhberg
„das Verbrechen aus Ehrsucht"; Afanasia — „Graf Ben=
jowsky"; Elise von Valberg; Emilia Galotti; Cora—

über den Verlust aus. Am 26. September wurde sie
beerdigt „und nicht nur aus Weimar und der nächsten
Umgegend, sondern auch aus Jena strömten viele Men=
schen herbei, um diesem Liebling der Grazien an seiner
Ruhestätte die letzte Ehre zu erweisen. Das singende
Personal des Theaters führte der Feierlichkeit angemessene
Gesänge aus, und der Diakonus Zunkel hielt eine Trauer=
rede, worin er besonders ihr schönes sittliches Verhalten,
ihre anspruchslose Bescheidenheit und ihre in den Theater=
Verhältnissen so schwer auszuübende Liebe zur Eintracht
mit Mitstrebenden hervorhob. "

Am 29. September fand, nachdem die Vorstellungen
wieder begonnen, die bekannte Todtenfeier auf der Scene
statt. Musculus sagt darüber: „Die Bühne stellte eine
sanfte Mondscheingegend dar, in deren Mitte eine Urne

„die Sonnenjungfrauen"; Amalie — „die Räuber"; Rosa=
munde von Corfu — „Abällino"; Sophie — „die Advo=
katen"; Lottchen — „die Versöhnung"; Prinzessin Eboli;
Sophie — „die Aussteuer"; Lottchen — „der deutsche
Hausvater"; Blanca — „Julius von Tarent"; Clärchen
— „Egmont"; Ophelia — „Hamlet".

3. Knabenrollen:

Schlorum — „die Schauspielerschule" von Beil; Ja=
cob — „die Reise nach der Stadt" von Iffland; Junker
Fritz — „das Muttersöhnchen"; Heinrich — „Scheinver=
dienst" von Iffland; Jacob — „Alte und neue Zeit" von
Iffland; Arthur — „König Johann."

sich befand. Zwei Kinder standen mit Kränzen an der=
selben und zu beiden Seiten das ganze Theaterpersonal
mit Blumen. Das Chor sang: „Die Rose fiel in ihrer
Blüthe" ꝛc.: dann hielt der Schauspieler Bohs eine
von Vulpius verfaßte Rede in Versen (der Theater=
Kalender von 1798 theilt sie mit), nach deren erster Hälfte,
während einer Pause, die Urne bekränzt wurde, indem
die Mitglieder langsam von beiden Seiten herumgehend
ihre Blumen am Fußgestell der Urne streueten. Hierauf
folgte der andere Theil der Rede, und schloß mit dem
Chorgesang: „Heil dir Verklärte ꝛc." "

Folgenden Nachruf noch widmet ihr der Schreiber
obiger Zeilen: „Unvergeßlich blieb sie Allen, die sie
gehört und gesehen hatten. Bei zierlich schlankem Wuchs
und reizend einnehmender Gesichtsbildung — daher sie
öfters Künstlern zum Vorbilde diente, und sogar vom
Parterre aus mehrmals gezeichnet wurde — besaß sie
auch noch ein vortreffliches Organ, fähig, Alles auszu=
drücken, so daß man sie schon gerne hörte, wenn sie nur
sprach. Zu diesem Allen schmückte sie ein mannichfaltig
gebildeter Geist, und so wird es begreiflich, wie sie in der
wirklichen, wie in der Theaterwelt, alle Herzen zu gewin=
nen vermochte. "

In der ersten Hälfte des Oktobers erhielt Goethe die
Nachricht von dem Tode der Becker, und zwar in der
Schweiz, in der Nähe von Zürich. Er widmete dem
Andenken der geschiedenen Künstlerin, seiner Lieblings=

schülerin, eines seiner herrlichsten Gedichte, die berühmte Elegie: „Euphrosyne", also benannt, weil Goethe die Entschlafene zuletzt als Euphrosyne in dem tragikomischen Märchen „das Petermännchen" gesehen.

In seinen „Tages = und Jahresheften" sagt er darüber: „Zum dritten Male besuchte ich die kleinen Kantone, und weil die epische Form bei mir gerade das Uebergewicht hatte, ersann ich einen Tell unmittelbar in der Gegenwart der classischen Oertlichkeit. Eine solche Ableitung und Zerstreuung war nöthig, da mich die traurigste Nachricht mitten in den Gebirgen erreichte. Christiane Neumann, verehelichte Becker, war von uns geschieden; ich widmete ihr die Elegie Euphrosyne. Liebreiches, ehrenvolles Andenken ist Alles, was wir den Todten zu geben vermögen." —

Von verschiedenen Seiten suchte man ihn über die Lage des Theaters nach dem Tode der Becker zu beruhigen. In einer uns aufbewahrt gebliebenen Antwort auf einen solchen Brief Böttigers, datirt Zürich, den 25. Oktober 1797, schreibt er: „ — Das gute Zeugniß, das Sie unserm Theater geben, hat mich sehr beruhigt, denn ich läugne nicht, daß der Tod der Becker mir sehr schmerzlich gewesen. Sie war mir in mehr als einem Sinne lieb. Wenn sich manchmal in mir die abgestorbene Lust, für's Theater zu arbeiten, wieder regte, so hatte ich sie gewiß vor Augen und meine Mädchen und Frauen bildeten sich nach ihr und ihren Eigenschaften.

Es kann größere Talente geben, aber für mich kein an=
muthigeres. Die Nachricht von ihrem Tode hatte ich
lange erwartet; sie überraschte mich in den formlosen
Gebirgen. Liebende haben Thränen und Dichter Rhyth=
men zur Ehre der Todten; ich wünschte, daß mir etwas
zu ihrem Andenken gelungen seyn möchte. "

─────────

Wenden wir uns nunmehr wieder den Direktions=
Angelegenheiten, Sorgen und Mühen zu, veranlaßt,
hervorgerufen durch das Scheiden der Becker aus dem
Verbande der Mitglieder des Hoftheaters.

Mad. Schlanzowsky hatte in Weimar am 24.
September als Ophelia in „Hamlet" — eine Glanzrolle
der verstorbenen Becker — debütirt und durch ihr hüb=
sches Aeußere, ihr schönes Organ so ziemlich gefallen.
Am Tage darauf debütirte Mad. Hunnius, doch vor=
erst nur in ihrem Fach in der Oper: als Königin in
„Lilla", zeigte sich aber weder für die Oper, noch in
der Folge für das Schauspiel als bedeutender Ge=
winn. Auch versuchte man einer Frl. Goetz, einer An=
fängerin (1804 als Mad. Zülich gestorben), einige
größere Rollen zu übertragen, doch auch wahrscheinlich
ohne gehofften Erfolg. Am ersten Oktober debütirte
auch eine Demf. Tilly (wahrscheinlich eine Verwandte
des bekannten Prinzipals gleichen Namens) als Klara

von Hoheneichen. Doch auch sie vermochte auf die Dauer
nicht zu gefallen. Für das Repertoir am thätigsten, nütz=
lichsten waren die Erstgenannte, dann Dem. Jagemann,
die einige der jugendlich=munteren Rollen der Geschiede=
nen übernahm, wie auch Mad. Vohs*). Doch eine

—

*) Einen hierauf bezüglichen Brief von Vohs will ich hier
noch mittheilen. Er schreibt an Kirms:

„Weimar, den 4. November 1797.

Ew. Wohlgeb. danke ich verbindlichst für die Gewährung
meiner Bitte; meine Frau wird auch nicht den mindesten An=
stand nehmen Ihren Vorschlag zu genehmigen: allein, bey einer
Wöchnerin kann man oft beim besten Anschein mit Gewißheit
nichts bestimmen. Ließen Sie sichs daher wohl gefallen mei=
nen weitern Vorschlag zu hören?

Laßen Sie meine Frau zuerst in einer kleinern Rolle und
wo möglich in einer gespielten, wieder auftreten, weil Sie in
diesem Falle mit mehrerer Gewißheit auf sie rechnen können.
Die Rolle des Mädchens von Marienburg können Sie ihr indeß
immer zukommen lassen: sie soll sie lernen und sind ihre Kräfte
bis dahin der Rolle angemeßen, so soll sie dieselbe auch spielen.
Auf die Art wird doch die Direction nicht abusirt und das Un=
angenehme, was für beide Theile daraus entspringt wird ver=
mieden.

Sollten Sie aber meine Frau lieber in einer neuen Rolle
zuerst spielen laßen, so findet sich unter den Rollen der seligen
Mad. Becker noch die Wilhelmine in Allzuscharf macht schar=
tig, die sich ganz für meine Frau schickt und nicht schwer ist:
diese kann und wird sie leichter einstudiren und das Stück
würde auch dadurch komplettirt. Dieses wäre so mein unmaß=

Lücke blieb noch immer, wurde sogar immer fühlbarer und
Kirms mußte abermals auf Ausfüllung derselben sinnen.
Nachdem er seine prüfenden Kennerangen abermals hatte
Rundschau halten lassen unter den jungen und hübschen
Töchtern der deutschen Thalia, blieben sie endlich wieder
auf dem Gegenstande seiner ersten Zuneigung, den bei=
den Demoiselles Koch, haften, und neue Versuche zu ihrer
Gewinnung wurden gemacht; doch diesmal auf andern
Wegen, mit andern Mitteln und Waffen.

Das aber war also gekommen.

Ein äußerst thätiger und vielseitiger Vermittler bei
allerlei Geschäften und Angelegenheiten des Hofes, wie
auch des Theaters, der Hof=Jude, später „Hof=Faktor"
genannte Jacob Elkan, dessen Goethe schon 1782 in

---

geblicher Vorschlag, der jedoch dem Ihrigen mit dem Mädchen
von Marienburg weichen soll, wenn Sie es wünschen.

Auch nehme ich mir die Freiheit einige Rollen wovon
gestern die Rede war und mir nicht einfielen Ihnen ins Gedächt=
niß, mit der Bitte: dabei auf meine Frau Rücksicht zu nehmen,
zu rufen.   Als: Aussteuer, Abällino, Liebhaber und Neben=
buhler, Quälgeister ꝛc. ꝛc.

Auf alles dieses erwarte ich gehorsamst Ew. Wohlgeb.
gütige Entscheidung, sowie die Rolle des Mädchens von Ma=
rienburg und bin mit der schuldigsten Hochachtung

Ew. Wohlgeboren

ganz gehorsamster Diener

Vohs."

ſeinem herrlichen Gedichte auf Mieding's Tod, bei
Schilderung des fürſtlichen Liebhabertheaters, erwähnt —

> „Der thät'ge Jude läuft mit manchem Reſt,
> Und dieſe Gährung deutet auf ein Feſt." —

Dieſer nun hatte die Michaelis=Meſſe in Leipzig und zu=
gleich auch die beiden Demoiſ. Koch beſucht.　Daß er zu
letzterm von Kirms aufgefordert worden war, kann nicht
in Abrede geſtellt werden, wohl aber, daß er bei ſolcher
Vermittlung in ſeinem Eifer für die Sache über ſeine
Vollmacht und Aufträge hinausgegangen.　Indeſſen
ſteuerte er kecklich auf das Ziel los.　Nachdem er ſich
überzeugt, daß die beiden Mädchen wirklich zurück=
geſetzt, zum Vortheil der Madam Hartwig zurück=
geſetzt wurden, deshalb im Herzen nur unzufrieden mit
ihrer Stellung ſein konnten, machte er, ihre Lage
wohl mit nicht allzu glänzenden Farben ſchildernd,
ihnen die beſtimmteſten Vorſchläge und Anträge, daß,
wenn ſie zum Weimarer Hoftheater übergehen wür=
den, der Herr Hofkammerrath Kirms alſogleich bereit
wäre, die Stelle eines Vormunds bei ihnen zu überneh=
men.　Derſelbe würde auch ſicher ganz anders für ſie
ſorgen, als der Mann, der bis jetzt dieſe Pflicht zu erfül=
len gehabt, demnach würde ihre Stellung, in materieller
wie künſtleriſcher Hinſicht, eine viel angenehmere, beſſere
und ſchönere werden, als ihre jetzige.　Ferner bot er
ihnen in ſeinem Eifer, die Sache zum Abſchluß zu brin=

gen, 20 Louis'or als Vorlage an, wenn sie einen Kon=
trakt sogleich unterzeichnen würden — welch letztern
Punkt ihm aufgetragen zu haben Kirms aber später ent=
schieden in Abrede stellt.

Die Folge dieser Bemühungen des kecken Hoffaktors
war ein Brief, den die älteste Koch in ihrem und im
Namen ihrer Schwester noch während der Michaelis=
Messe, und heimlich, hinter dem Rücken ihres gestrengen
und gefürchteten Vormunds Opitz, an Kirms schrieb.

Derselbe lautete:

„Wohlgeborner Herr!
Werthgeschätzter Herr Hoff=Kammerrath!

Herr Elkan ist bei uns gewesen und hat uns gesagt
Sie wollten so gütig sein die Vormundschaft über uns
zu übernehmen und uns bey dem dortigen Theater zu
engagiren, welches ein sehr schmeichelhaftes Anerbiethen
für uns ist. Wir schätzen uns glücklich einen so recht=
schaffenen und angesehenen Mann, wie der Herr Hoff=
Kammerrath sind, Vormund nennen zu dürfen. Ehe ich
aber weiter schreibe, wage ich die erste und herzlichste
Bitte, und da Sie gewiß so gut sind wie wir uns Sie vor=
stellen, werden Sie sie uns gewiß nicht abschlagen. Wir
bitten nehmlich daß Sie die Güte haben werden weder bei
Herrn Opitz, noch bei sonst Jemand von unserer Gesell=
schaft die geringste Meldung von diesem meinem Brief zu
thun, oder das wir schon von allen Diesem etwas wissen.

10*

Sie, da Sie ein so einsichtsvoller Mann sind, werden meine Gründe, die ich dazu habe, gewiß bewährt finden. Man würde uns nehmlich für sehr undankbare Geschöpfe ausschreien, da wir doch so lange bey dieser Gesellschaft sind und so manches Gute hier genoßen haben. Und Undankbarkeit ist ein großes Laster, ich wünschte nicht daß man es uns auch nur im geringsten zur Last legen könnte, auch würde man uns bei Hoff hier in ein gehäßiges Licht setzen, und wenn wir auch nicht mehr hier sind, möchte ich doch daß die Leute nur Gutes von uns sprächen. Doch Herr Elkan hat mir in Ihrem Namen sein Ehrenwort darauf gegeben Sie würden diesen Brief gleich nach dem Empfang verbrennen, und nie wieder etwas davon erwähnen, und so sind wir ruhig und erwarten mit der größten Ungeduld den Augenblick wo wir in Weimar eintreffen werden, denn das Ehrenwort des Herrn Hoff=Kammerraths gilt auch jetzt schon in unsern Augen Alles, obgleich wir noch nicht die Ehre haben Sie persönlich zu kennen. Wegen der Gage das überlaßen wir Ihnen gänzlich, denn der Vormund von ein paar armen Waisen wird gewiß auf ihr Bestes bedacht sein: das übrige wird Herr Elkan Ihnen mündlich sagen. Mit der sehnlichsten Ungeduld wartet auf gütige Antwort,

Dero ergebenste Dienerin

Sophie Koch.

N. S. Ich überlasse es Ihnen gänzlich es so einzurichten daß wir ohne Verdruß hier loskommen."

Kirms wußte nun positiv, woran er mit den beiden
Mädchen war. Dieser Brief lautete ganz anders als der
erste; der Wille war demnach der beste, nur Spitz, der
Vormund, stand ihm entgegen. Letzterer mußte unschäd=
lich gemacht, wenn möglich seines Vormundschaftspostens
enthoben werden. Doch dazu gebrauchte Kirms der Hülfe.
Er wandte sich auch direkt und ohne langes Zaudern an
die beste Quelle, an den Weimarer Minister Voigt,
den Freund Goethe's, welcher mit Letzterm zur Zeit auch
in stetem brieflichen Verkehr stand. Voigt scheint sowohl
Erkundigungen in Dresden eingezogen, als auch Goethe
Mittheilung über die Angelegenheit gemacht zu haben,
denn Letzterer schrieb ihm unterm 25. Oktober, von Zü=
rich aus, in einer Antwort auf Briefe vom 22. Septem=
ber bis 6. Oktober: „Lassen Sie sich unser Theater
einigermaßen empfohlen seyn." Es kann sich diese Stelle
wohl nur auf die Koch=Spitz'sche Sache beziehen, zur Zeit
die wichtigste Angelegenheit des Hoftheaters, in welche der
Minister, der sonst direkt nichts mit dem Theater zu thun
hatte, nunmehr selbst mit hineingezogen worden war.
Nach eingegangenen Berichten aus Dresden schreibt
Voigt dem Hofkammerrath Kirms:

„W(eimar) den 26. October 1797.

Nach diesen rückkommenden Briefen ist das Amt
Dresden, die Obervormundschaft, unter welcher beyde
Dem. K(och) stehen. Wenn man also der Entfernung

des itzigen Vormunds entgegengeben will, müße man dem
Amt Dresden die Vortheile des hies. engagements und
die Zufriedenheit der Dem. K. mittheilen lassen, und bitten den Vormund zu autorisiren daß er die auf ihren
Vortheil gegründete Entschließung seines Mündels genehmigen möge.   Man könnte sich offeriren durch hiesige
Bevormundung weiter für das Beste der Personen sorgen
zu lassen, und Ew. Wohlgeboren bieten sich solchenfalls
selbst zum Vormund an, oder irgend ein anderer recht-
schaffener Mann.

Ich bin allenfalls bereit unsern Dresdner Agenten
zu bitten, daß er den Herrn Amtmann daselbst angebe,
und ihn zur günstigen Förderung der Sache bestimme.
Wenn nur nicht der Contrakt mit dem Dresdner Theater
eingewendet, und dessen Aushaltung verlangt wird! Nach
Opitzens Angabe würde es bis gegen Ostern dauern.

Ich empfehle mich gehorsamst
V(oigt)."

Nachdem Kirms die Vermittlung des Weimarer
Agenten (Kommerzien = Deputations = Assessor R i c h t e r),
angenommen, schrieb er an die beiden Koch, ganz im
Sinne wie diese gewünscht, ließ sodann Brief nebst Koncept desselben durch den Minister an den Herzoglichen
Agenten Richter abgehen. Die Sendung an Voigt be-
gleitete er mit folgendem Schreiben:

(Weimar am 30. October 1797.)

„Ew. Hochwohlgeboren übersende ich den Brief an
Dems. Koch den ihnen der Herr Agent s e l b st eigenhän=
dig, und denselben Rath und That geben wird. Dem=
selben möchte aber wohl eine Instruction zu ertheilen
seyn:

1) mit Hrn. Seconda und Opitz zu sprechen, daß
die Mädchen wo möglich von ihrem Contrakte entlassen
werden möchten;

2) das weitere zu besorgen daß Hr. Opitz die Vor=
mundschaft niederlege und das Amt mich dazu constituire,
die Mädchen in ihrem Vorsatz bestärke und sie von jenem
Engagement losmache.

Zu seiner Nachricht würde es gut seyn, wenn ihm
meine Correspondenz mit zugeschickt würde, damit er
Opitzens Winkelhölzer daraus erfahren könne, der diese
Mädchen nicht gerne wegläßt, weil diese in Ansehung des
Rollen=Geitzes der Madam Hartwig sich mehr gefallen las=
sen müßen, was andere sich nicht gefallen lassen werden.
Auch müßte er an Hof, wo man etwa sie gerne behalten
wollte mediate vorstellen, daß es für die Mädchen ein
Glück sey, in gute Rollenfächer bey einem rechtlichen
Theater zu kommen und an einen Ort wo sie viel lernen
könnten, wo man auch noch so viele Freundschaft für ihre
Mutter gehabt hatte, welches alles er aus meinem ersten
Brief ersehen kann.

Verzeihen Ew. Hochwohlgeboren daß ich Ihnen bey

Ihren vielen Geschäften, auch noch mit dergleichen De=
tails behelligen muß. Sie richten aber immer die
Sachen in zweckmäßige Wege und daher kommt alles auf
Ihre Schultern!

Verehrungsvoll Ew. Hochwohlgeboren

ganz gehorsamster Diener

F. Kirms. "

Der Brief an die beiden Koch lautete:

„An die Demoiselles Koch bey dem Hoftheater in
Dresden.

Weimar den 30. October 1797.

Meine hochgeschätzten Demoiselles.

Es wird Ihnen der im vergangenen Sommer un=
term 19 July Ihnen von mir geschehene Engagements
Antrag ohne Zweifel noch erinnerlich seyn, den Sie nicht
abzulehnen, doch aber Ihrem Vormund, dem Hrn. Opitz
zu überlassen schienen. Ich habe nachher mit Herrn
Opitz deshalb weiter correspondirt und derselbe setzte es
darauf aus, daß ohne Einstimmung des Herrn Seconda
und bevor nicht andere Subjecte an Ihrer Stelle anga=
girt seyn würden Sie vor Ihrem zu Ostern zu Ende
gehenden Contrakt nicht könnten entlassen werden: daß er
auch nach Ihrer Zurückkunft nach Dresden von dem
Churfürstlichen Amte seine Vormundschaft erstlich nieder=
legen müße.

Jezt wiederhole ich alle in jenem Briefe geschehene Anerbietungen, und glaube daß bey dem starken Personal Ihres Theaters und bey den wenigen Rollen in welchen Sie Beyde nach Ausweis der von Leipzig erhaltenen Zeddel einstudirt sind, wenn man gegen das hiesige Hof=theater sonst gefällig seyn will, gar füglich Ihres Con=trakts entlassen werden können. Sollte diese Gefälligkeit verweigert werden, so müßten Sie natürlich die Zeit Ihres Contrakts aushalten: nur müßen Sie sich erklä=ren, ob Sie alsdann gewiß das jetzige Theater verlassen und mit dem hiesigen in Contrakt treten wollen oder nicht?

Sobald Hr. Opitz seine Vormundschaft niederlegt, so übernehme ich dieselbe recht gerne, und will sie auch so lange behalten, als ich, wie ich wünsche und hoffe, von Ihrer Aufführung Ehre haben werde.

Empfehlen Sie mich den Herrn Seconda und Opitz, und geben unserm Herzogl. Agenten, dem Herrn Com=mercien=Deputations=Assessor Richter auf diesen meinen wiederholten Antrag Nachricht, der mit Vergnügen und mit vollkommener Hochschätzung entgegen siehet

Ihr &c."

So weit das Koncept des Schreibens Kirms' an die beiden Koch, wie es dem Agenten Richter mitgetheilt wurde und mir jetzt noch vorliegt. Dem Briefe selbst aber hatte Kirms noch ein zweites Blatt beigefügt, welches eine bestimmtere Antwort auf das Schreiben der Sophie Koch bildete und unter andern einen gar verfänglichen und höchst delikaten Punkt be= und abhandelte.

Man hatte nämlich in Leipzig, wo die Verhand= lungen zwischen Kirms und den beiden Koch nicht geheim geblieben waren, verläumderischer Weise das Gerücht verbreitet, daß der Weimarer Hofkammerrath die beiden Mädchen noch in einer andern Weise als auf der Bühne glänzen lassen wolle. Dieses Gerede war bis nach Weimar gedrungen und Kirms hatte es schon bei seiner Rückkehr von Lauchstädt hören müssen. Er glaubte als bestimmt annehmen zu können, daß solche böswillige Reden, die hauptsächlich nur deshalb aus= gesprengt schienen, um die beiden Koch von Weimar abzuwenden, denselben durchaus nicht unbekannt geblie= ben, und erachtete es demnach bei dieser erneuerten Unter= handlung als nothwendig, solche Gerüchte und Verläum= rungen mit wenigen Worten zu entkräften. Eine solche Vertheidigung enthielt noch das zweite Blatt — natür= lich nur für die Mädchen allein berechnet —, welches indessen auch in andere Hände kam und bald die größten Unannehmlichkeiten hätte herbeiführen können, wie wir bald sehen werden.

In Dresden hatte sich, während der Verhandlungen und Besprechungen zwischen Kirms und dem Minister Voigt, wieder alles total geändert. Die beiden Mäd= chen, zu jung und unerfahren, um hinter dem Rücken

ihres gewiegten Vermunts auch nur die kleinste Intrigue
durchführen, ihm gegenüber ein Geheimniß bewahren zu
können, hatten bald demselben alles, was vorgefallen,
gebeichtet. — Aus den beiden folgenden Briefen sehen
wir, welche Mittel er angewendet, um das Herz der Mädchen zu treffen, sie zum Reden, zum reuigen Bekennen zu
bringen. — Opitz muß nicht wenig außer sich gewesen
sein, als er alles das erfuhr, und das Erste, was er that,
war, daß er für seine Mündel sogleich einen neuen
Kontrakt auf mehrere weitere Jahre abschloß und solchen
auch durch die Mädchen, wahrscheinlich als Preis seiner
Vergebung, gutheißen und unterzeichnen ließ. Das
nun einlaufende Doppelschreiben Kirms', die persönlichen,
etwas mysteriös gehaltenen Bemühungen des Herzoglichen Agenten mußten demnach nicht allein vollständig
scheitern, sondern auch den Sturm zum wahren Orkan
umgestalten. Lassen wir zuerst den Herzoglichen Agenten
reden, berichten, über seine Sendung und dann den
aufgebrachten Vermund-Regisseur Opitz.

Richter schreibt an den Minister Voigt. — Das
Schreiben liegt mir in Abschrift vor:

„Dresden den 8. November 1797.
P. P.

Ew. ꝛc. sind hoffe ich überzeugt, daß ich jeden mir
von Sr. Durchlaucht oder Ihnen zukommenden Auftrag,
mit Eifer und Treue vollziehe, wenn es nur immer mög-

lich ist. Um so weniger darf ich befürchten, mir das
Mißfallen Sr. Durchlaucht und Ew. ꝛc. zuzuziehen, wenn
ich bey dem letzten mir ertheiltem Auftrage minder glück=
lich gewesen bin, noch ihn in seinem ganzen Umfange
habe erfüllen können.

Das hiesige deutsche Theater gehört zu den Lieblings=
Vergnügungen des Churfürsten und er nimmt daher von
allen dabei vorgehenden Veränderungen und überhaupt
von dem ganzen Personale genaue Notiz. Besonders
würdiget er die Dem. Koch einer noch speciellern Auf=
merksamkeit um ihrer Mutter willen, die der Hof sehr
gerne hatte. Bey dieser Lage der Dinge konnte ich, ohne
mich h i e r gewaltig zu compromittiren unmöglich so rasch
zu Werke gehen. —

Ich beschickte die Dem. Koch und ließ sie bitten mir
eine Stunde zu bestimmen, wo ich sie allein sprechen
könnte. Ich ging am andern Morgen zur bestimmten
Stunde hin, sagte ihnen worauf die Sache ankäme und
übergab den Brief. Sie antworteten mir jetzt komme der
Antrag zu spät; ein Augenblick von Unzufriedenheit mit
ihrem Vormund, habe sie damals bewogen den Vorschlä=
gen zu einem auswärtigen Engagement Gehör zu geben.
Nun aber habe sich die Lage der Dinge geändert. Sie
hätten erwogen daß es äußerst undankbar seyn würde
ein Theater zu verlassen dessen Entrepreneur die seltene
Großmuth gehabt habe ihrer verstorbenen Mutter zwei
ganzer Jahre hindurch ihre volle Gage zu lassen, ohn=

geachtet sie Krankheitswegen die Bühne gar nicht habe
betreten können. Inzwischen würden sie den Brief lesen
und mir Antwort ertheilen. (NB. Sie erbrachen ihn
nicht in meiner Gegenwart.) Sie setzten hinzu, daß sie
sich bereits anheischig gemacht hätten einen neuen Con=
trakt auf drei Jahre mit Herrn Secconda abzuschließen
und daß dieser eben gefertigt werde.

Den folgenden Tag in aller Frühe kam Hr. Opitz,
halb außer sich, zu mir, den Doppelbrief des Herrn Hof=
kammerrath Kirms in der Hand. Es war nemlich, außer
dem mir in Abschrift mitgetheilten Briefe, noch ein zwey=
tes Blatt von der Hand des Hrn. Hofkammerraths an
die Mädchen beygeschlossen, welches letztere vorzüglich
Hrn. Opitz in Flammen setzte. — Er sagte mir daß die
Mädchen bis zu ihrer Volljährigkeit keinen eigenen Wil=
len hätten, daß sie sich neuerdings bey dem hiesigen Thea=
ter verbindlich gemacht hätten, kurz alles das was er dem
Hrn. Hofkammerrath selbst in seiner mir mitgetheilten
Antwort sagt.

Das Resultat von allen dem war, daß vor itzt der
Abgang der Dem. Koch nicht stattfinden könne. Nach Ab=
lauf des auf drey anderweitige Jahre eingegangenen Con=
trakts würden die Dem. Koch mündig seyn und alsdann
nach Gefallen sich anderwärts engagiren können.

Bey dieser Lage der Dinge blieb mir nichts übrig als
den Herrn Opitz zu bitten von der ganzen Verhandlung
dem Directeur Grafen von Bose nichts zu sagen, weil es

alsdann weiter gekommen seyn würde, was ich um meiner selbst willen sowohl, als aus andern Rücksichten nicht gewünscht hätte. Er versprach mir das auch.

Ew. ꝛc. werden mich unter diesen Umständen, wie ich hoffe, entschuldiget halten.

ꝛc. ꝛc.

Richter. "

Zur selben Zeit hatte Opitz seine Antwort in Form einer harten Strafpredigt formulirt, die der arme Kirms wohl zu gleicher Zeit mit dem wenig angenehmen und tröstlichen Schreiben Richters erhalten haben mag — wohl etwas zu viel auf einmal für den bedrängten Lenker des Weimarer Thespiskarrens! — Sie lautete:

„Dresden, den 8. November 1797.

Wohlgeborner Herr!

Obgleich Ihr Agent, der Herr Assessor Richter Ihnen ausführlich melden wird, daß der Erfolg Ihres neuerdings an die Demoiselles Koch gerichteten Schreibens, gänzlich fruchtlos gegen Ihre Erwartungen ausgefallen ist, so kann ich dennoch nicht unterlassen Ihnen mein Erstaunen und meine Verwunderung zu erkennen zu geben, die ich bey Durchlesung Ihrer eigenhändig geschriebenen Beylage nothwendig empfinden mußte, worin Sie denen beyden Demoiselles Anschläge geben wie sie sich von meiner Vormundschaft gänzlich lossagen, und wenn es möglich ist, sich auch ihres jetzigen Contrakts früher ent=

ledigen sollen, oder: wenn das letztere nicht möglich zu
machen wäre, wenigstens fest darauf zu bestehen, daß sie
nach dessen Beendigung gewiß abzugehen entschlossen blei=
ben sollten.   Ferner daß der Herr Assessor Richter das
hiesige Amt dahin disponiren soll, daß es mich meiner
Vormundschaft über die Demoiselles Koch entlasse und
Sie dafür substituire.   Alles dieses halte ich Ihrerseits
für eben so strafbar als verantwortlich, denn nach mei=
nen Grundsätzen heißt das offenbar Mittel und Wege
zum Ungehorsam und zur Verletzung seiner Pflichten an
die Hand geben. Mit welchem Rechte kann man mich zwin=
gen, wenn ich nicht selbst will, meine Vormundschaft, die
ich auf inständiges, dringendes Bitten anzunehmen ersucht
worden bin, wieder niederzulegen, da ich sie als ehrlicher
Mann nach Pflicht und Gewißen bisher treu und redlich
zum Besten der beyden Mädchen verwaltet habe?   Nur
pflichtvergessene Leute, die sich Unterschleifen theilhaftig
gemacht haben, entsetzt man ihres Amtes und ihrer über=
nommenen Verbindlichkeiten, aber keine rechtschaffen den=
kende Menschen, worüber ich Sie sehr ernstlich belangen
könnte, wenn ich anders ein Liebhaber von öffentlichen
Streitigkeiten wäre, doch — mein Bewußtsein ist mir
Rechtfertigung!   Unbegreiflich ist mirs aber wie ein
Mann wie Sie, junge unerfahrene Mädchen (laut dem
Zeugniß Ihres eigenhändig geschriebenen Briefes) auf
Dinge aufmerksam machen kann, die sie, zu denen Mäd=
chen eigener Ehre sey es gesagt, noch nicht einmal ver=

stehen, und sich deßhalb von mir erst eine Erklärung aus=
bitten, was S i e denn nehmlich in Ihrem Briefe da=
mit sagen wollten, e i n e M... des Herzogs zu
seyn, und was denn das bedeute, daß Ihr Herzog
in diesem Punkt sehr gemäßigt sey? Scham=
roth stand ich da und wußte gar nicht was ich denen
Mädchen darauf antworten sollte. Was Sie dabey
gedacht haben, wie Sie dies niederschrieben, wird mir
ewig unerklärbar bleiben. Und was glauben Sie wohl
welche unangenehme Folgen für Sie daraus entstehen
würden, wenn ich Ihren Brief zu meiner Rechtfertigung
unserm Herrn Grafen von Bose überreichte und dieser
ihn bis an unsern Hof gelangen ließ? Setzten Sie sich
dadurch nicht dem offenbaren Verdacht aus daß Sie zwey
junge Mädchen von unserm Theater debauchiren wol=
len, die unser Hof in Rücksicht ihrer verstorbenen Mut=
ter, vorzüglich protegirt? und die während ihrer Min=
derjährigkeit wenigstens, niemals von unserm Theater
wegkommen werden noch dürfen.

Doch genug davon. Sie zwangen mich in diesem
Tone zu reden, denn bisher verhielt ich mich lange genug
schweigend und leidend, obgleich mir alles wohl bewußt
war was in Ihrem Namen in der Stille mit denen
Demois. Koch unterhandelt werden sollte. So weiß ich
zum Beyspiel, daß der Herzogl. Hoffakter Elkan aus Wei=
mar in vergangener Leipziger Michaeli=Messe mehr als
einmal bey denen Mädchen gewesen ist, und sie instän=

digst überredet hat das hiesige Theater mit dem Ihrigen
zu verwechseln; daß er ihnen auf der Stelle 20 blanke
Louisd'ors aufzählen wollte, sie möchten nur einen Con=
trakt unterschreiben. Heißt das den geraden ordentlichen
Weg einschlagen? und was wäre daraus entstanden wenn
die Mädchen ihrer Pflicht nicht eingedenk gewesen wären?

Um nunmehro allem fernern Anfragen und Brief=
wechseln mit denen Mädchen vorzubeugen, so erkläre ich
Ihnen hiermit daß ich ihr Vormund nach wie vor bleibe,
und daß ich neuerdings einen Contrakt von Ostern an
auf 3 hinter einander folgende Jahre für sie mit unserer
Direction abgeschlossen und unterschrieben habe.

Wenn sie alsdann mündig werden, dann haben sie
ihren freyen Willen von uns abzugehen und sich zu enga=
giren wohin es ihnen belieben wird; bis dahin sind sie
meinem Willen subordinirt, ohne dessen Zuziehung sie
nicht das geringste unternehmen können.

Noch manches was ich zu sagen hätte, muß ich unter=
drücken um die Post nicht zu versäumen.

Der ich übrigens die Ehre habe zu seyn

Ew. Wohlgeboren

ergebenster

Opitz."

Kirms war in eine höchst fatale, weil sehr zweideu=
tige Lage gerathen; er mußte das Unangenehme, Bedroh=
liche derselben zu vermitteln, von sich abzuwenden, die
Waffe, die Opitz immerhin gegen ihn, das Weimarer Hof=

theater, sogar gegen den Hof selbst in Händen hatte, vollständig unschädlich zu machen suchen, ohne dabei ferner
im geringsten an den Hauptgegenstand all dieser Bemühungen, die Ursache dieser peinlichen Niederlage, das
Engagement der beiden Koch, denken zu dürfen. Da
er sich indessen in Wahrheit frei und durchaus nicht schuldig wußte, so konnte ihm solches, eine gegründete und
nachdrückliche Vertheidigung, auch nicht allzuschwer werden. Es mußte ihm ferner, und wohl auch vor allen
Dingen daran liegen, die Sache vor Rückkunft Goethe's,
der in solchen Angelegenheiten sehr empfindlich war, zu
gutem Ende zu bringen, und deshalb beantwortete er das
drohende Schreiben des erzürnten Vormunds im versöhn-
lichsten Tone, wobei er aber durchaus nicht Willens war,
die Waffen zu verschmähen, die ihm seine Stellung zu
Goethe an die Hand gab.

Diese Antwort, im Koncept vor mir liegend, lautete
vollständig also:

„An Herrn Opitz, Regisseur des Hoftheaters
in Dresden.
Weimar, den 16. November 1797.
Sie oder ich mein theuerster Freund, oder wir Beyde
sind in Ansehung der Angelegenheiten der Demoiselles
Koch in einem Irrthum. Ich muß um dieses heraus zu
setzen Ihnen eins und das andere in's Andenken zurück-
rufen.

Verschiedene Weimaraner die in Leipzig gewesen lob=
ten die Demj. Koch und bemerkten dabey, daß sie viel=
leicht zu dem hiesigen Theater gehen würden, wo sie wenn
Mad. Becker abgehen sollte, sogleich in deren Rollenfach
einrücken könnten, das Mad. Hartwig bei Ihnen jetzt
besitze. Als ich mit dem Herzog in der Ostermesse war,
fand ich es gegründet und hörte viel Gutes von ihrem
sittlichen Betragen: ich habe sie aber weder in der Nähe
gesehen, noch weniger mit ihnen gesprochen. Da die
Gesundheitsumstände der Mad. Becker bedenklicher wur=
den, so trug ich gedachten Demoisells Engagement an
und zwar rieth ich ihnen, ihren Vormund deshalb erst
um Rath zu fragen, welches auch würklich geschehen ist.
Ich hatte also nicht die Absicht sie zu debauchiren. Diese
Frauenzimmer schickten mir hierauf eine von ihnen unter=
schriebene Antwort, die auf Schrauben gestellt war. Da
es mit Mad. Becker ganz zu Ende ging und ich mir in
Abwesenheit des Herrn geheimen Raths von Goethe, der
bis jetzt nicht zurück ist, nicht zu helfen wußte, so wendete
ich mich von Lauchstädt aus an Sie und war eitel genug
zu glauben daß, da ich Sie vor sechs Jahren, bey Ihrem
Hierseyn in Weimar, freundschaftlich behandelt hatte,
Sie, wenn es möglich seyn könnte, mir nicht zuwider
seyn würden. Hierauf schrieben Sie mir: Die Demois.
Koch hätten bis im May künftigen Jahres Contrakt; man
mache nicht gerne den Eingang Mitglieder des Theaters
vor Ablauf der Contraktzeit zu entlassen; wenn man auch

11*

eine Ausnahme machen wolle, so könnten Sie es in Ab=
wesenheit des Hrn. Seconda nicht thun und könnten
auch diese Demoiselles, die in einigen Stücken, welche in
der Michaelis=Messe gegeben würden, einstudirt wären,
nicht entbehren. Sie bemerkten ferner, Sie hätten in=
dessen an ein paar junge Frauenzimmer geschrieben;
Sie würden, sobald Sie nach Dresden kämen Ihre Vor=
mundschaft über Demoiselles Koch niederlegen und wür=
den, wenn deren Stellen wieder besetzt wären, diese
Frauenzimmer dem Weimarischen Theater vor allen an=
dern gönnen; auch könnten sie, wenn jene neuen Sub=
jekte bald eintreffen sollten, alsdann früher entlaßen wer=
den. Warum machten Sie mir Hoffnungen die Sie, wie
ich sehe, nicht erfüllen wollten? Warum schrieben Sie
mir nicht aufrichtig: ich sehe es nicht gerne wenn die
Demf. Koch unser Theater verlaßen rc.   Ich würde von
dieser Idee um so eher abgegangen seyn, als unterdessen
das hiesige Theater aus jener Verlegenheit gerissen wor=
den ist.

Vor 23 Jahren nach dem Schloßbrande, als die
Mutter (Franziska Romana Koch), Weimar verlaßen
mußte, waren von diesen Kindern, das eine, ein Jahr,
das andere etliche Monate alt. Wenn diese Kinder unter=
dessen nicht gestorben und Madam Koch nachher keine
andern bekommen hat, so müßten sie nunmehr 23 bis
24 Jahre alt seyn, wo tutela aufhört und nur Curatela
sexus statt findet, die voluntarie verändert werden kann.

In diesem Alter konnten sie also, wenn sie ein ander
Engagement eingingen auch einen andern Vormund wäh=
len. Im vorigen Jahre trug Herr Secconda unserm Schau=
spieler Graff bey seinem Theater ein Engagement an.
Die Folge davon war, daß ihm zugelegt und er wieder
auf längere Zeit hier engagirt wurde. So wenig die
Direction des hiesigen Hoftheaters, dessen Mitglieder von
Seiten des Hofs engagirt werden, es übel nehmen konnte,
daß Hr. Secconda dem Hrn. Graff Engagement bey sei=
ner Gesellschaft antrug, eben so wenig, sollte ich glauben,
könnte Hr. Secconda es übel nehmen, wenn bey denen
von Ihnen gemachten Vorstellungen und bey der Mei=
nung, daß diese Frauenzimmer jenes Theater verlassen
würden, man denselben Engagement antrug. Am aller=
wenigsten ist dem Dresdner Hof dadurch zu nahe getre=
ten, indem die Mitglieder Ihres Theaters nicht, wie bey
uns in Diensten des Hofes, sondern nur bey Hrn.
Secconda, der so viel ich weiß vom Churfürstlichen Hofe
unterstützt wird, übrigens aber den Gewinnst und das
risico der Entreprise allein zu ziehen und zu tragen hat,
engagirt sind.

Ich würde an das Engagement dieser Frauenzim=
mer, besonders in Abwesenheit des Herrn geheimen Raths
von Goethe, nicht wieder gedacht haben, wenn nicht die
von der Michaelis Messe zurückkommenden Weimaraner
mich versichert hätten daß die Demf. Koch unzufrieden
wären und abgehen würden, daß während der ganzen

Messe die ältere in drei, die jüngere aber nur in einer
Rolle erschienen wären; wegen der Madam Hartwig, von
welcher zärtliche und naive Rollen sehr gut besetzt sind,
keine bedeutenden Rollen erhalten könnten und mithin
beym hiesigen Theater bessere Aussichten sich zu vervoll=
kommnen, nach dem Tode der Mad. Becker haben würden.
Dieses dezidirte mich, an dieselben noch einmal zu schrei=
ben und im Fall sie das Engagement beym hiesigen
Theater annehmen wollten mich, wenn Sie niemand an=
ders wüßten, zum Vormund anzubieten, welche Stelle
Sie seither versehen hatten. Ich wiederhole daß ich diese
Frauenzimmer, aus oben angeführten Gründen für mün=
dig halte, welches ich auch noch jetzt glaube, wenn es
anders die in Weimar gebornen Mädchen sind. Sie
sind wohl mit Unwahrheit berichtet daß Hr. Elkan aus
Weimar denselben 20 Louisd'or angeboten haben solle,
wenn sie zum Weimarischen Theater gehen würden. Ich
versichere auf Ehre: ich wenigstens weiß davon nichts;
er hatte dazu keinen Auftrag von mir, und ohne beson=
dern Auftrag des Herrn geheimen Raths hätte ich ihnen
auch ein dergleichen Anerbieten, nicht habe machen lassen
können.

(Jezt muß ich ein paar Puncte berühren in Ansehung
welcher ich offenherziger seyn will, als Sie es gegen mich
gewesen zu seyn scheinen: Erstlich glaube ich daß ohn=
geachtet der von Ihnen mir gemachten Hoffnungen, Sie
zu dieser Sache deswegen nicht sonderlich behülflich seyn

würden, weil Sie dem Herrn geheimen Rath von Goethe
bey welchem Sie wegen Annahme Ihrer Tochter, mit
welcher Sie vor 6 Jahren nach Weimar kamen und sie
dem Theater anbothen, zu jener Zeit nicht reüssiren konn=
ten, deshalb nicht sonderlich geneigt seyn möchten. —
Incidenter muß ich aber bemerken, daß gedachter Hr.
geheimer Rath, wenn er auch zu jener Zeit Ihren Wün=
schen nicht begegnen konnte, Ihren Verdiensten doch Ge=
rechtigkeit widerfahren läßt: denn ich erinnere mich, nach
Hrn. Isslands Anwesenheit in Weimar, eine Aeußerung
des Hrn. geheimen Raths, die Ihnen zu keinem Nach=
theil gereicht. Er sagte nämlich: ich wünsche daß alle
Jahre auf diese Art einige Wochen lang einer oder der
andere von den sich auszeichnenden Künstlern bey uns
seyn möge, unter denen ich auch Ihren Namen hörte. —
Nach meiner Zuhausekunft von Lauchstädt mußte ich eine
Nachricht von Leipzig aus hören, daß man etwas lieblos
die Aeußerung gethan: ich hätte die Demf. Koch zum
Theater, nebenbey aber die eine oder die andere zur M...
für den Herzog engagiren wollen. Hier brauche ich
dergleichen nachtheilige Aeußerungen nicht zu bestreiten,
da ganz Weimar von der Mäßigung unsers in allem
Betracht schätzbaren Herzogs in diesem Punkt eines an=
dern überzeugt ist: ich glaubte aber auch in einem Post=
script den Dem. Koch den übeln Eindruck den dergleichen
Verläumdungen bey denselben konnten gemacht haben,
benehmen zu müßen, indem ich denselben auf keine unbe=

scheidene Art zu verstehen gab, daß sie in Weimar tugend=
haft leben könnten und sich an jene üble Nachrede nicht
kehren möchten.)

Wenn denn diese beyden Frauenzimmer durch Sie
einen neuen Contrakt eingegangen sind, so hat die Sache
ein Ende und sie haben mir vielleicht einige beßere Bedin=
gungen in ihrem neuen Contrakt zu verdanken, dergleichen
Herr Graff dem Dresdner Theater zu verdanken hat.

Ich habe die Ehre ꝛc. "

Die ganze eingeklammerte Stelle ließ Kirms in sei=
nem eigentlichen Schreiben aller Wahrscheinlichkeit nach
weg — zur beßern Charakterisirung der Verhältnisse
habe ich sie ungekürzt mitgetheilt — und substituirte
dafür Folgendes:

„Was in der Nachschrift über die mir zugekommenen
nachtheiligen Aeußerungen von den Absichten einer hohen
Person von mir gutmeinend widerlegt worden, bringt
mir keine Schande, da ich vom Gegentheil überzeugt bin.
Ueberhaupt, ohne die Nachrichten daß die Demoiselles
Koch ihr zeitheriges Theater verlassen wollten, würde ich
nicht einmal bey Ihnen angefragt haben, so nothwendig
auch im vergangenen Sommer dem hiesigen Theater ein
dergleichen Subject war. Man streuet indessen mannich=
mahl dergleichen Nachrichten aus, um bey einem neuen
Contrakt sich zu beßern Bedingungen den Weg zu
bahnen. "

Es dauerte über einen Monat, bis Opitz sich zu einer
Antwort herbeiließ. Diese erfolgte denn auch endlich,
wodurch die ganze Angelegenheit ihren Abschluß erhielt.
Sie lautete:

„Dresden, den 21. Dezember 1797.

Wohlgeborner Herr!

Ihre mir gegebene Erklärung in Betreff Ihrer ge=
schehenen Unterhandlungen mit meinen beyden Mündeln,
muß mir allerdings genügen, um so mehr da ich selbst
wünsche, daß alle fernere unangenehme Auseinander=
setzung des beßern Wißens und Nichtwißens in die=
ser Angelegenheit, von beyden Seiten gänzlich aufgehoben
seyn möge; nur sey mir noch erlaubt, einen kleinen Irr=
thum Ihrerseits zuvor zu berichtigen; daß nemlich die
beyden Demoiselles Koch deren Vormund ich bin, nicht
die Kinder der verstorbenen Madam Koch sind, die Sie
vor 23 Jahren nach dem Schloßbrande in Weimar ken=
nen lernten; die eine und älteste, dieser unter meiner
Vormundschaft stehenden Mädchen, wurde in Braun=
schweig geboren und geht nunmehr ins 16te Jahr, und
die andere wurde hier in Dresden geboren und geht
gegenwärtig ins 14te Jahr, woraus deutlich erhellet,
daß Tutela für Beyde noch unumgänglich nothwen=
dig ist, und dies gereiche zugleich zu meiner Rechtfer=
tigung, warum mir ein gewißer Ausdruck Ihres an sie
erlaßenen Briefes, bey ihrer noch lobenswürdigen Uner=

fahrenheit ein wenig auffiel. Jedoch bin ich meinerseits
herzlich gerne bereit alles Vorgefallene zu vergeßen, und
wünsche ebenfalls nichts sehnlicher als das ehemalige gute
Vernehmen unter uns wieder hergestellt zu sehen.

Und mit dieser aufrichtigen Versicherung habe ich die
Ehre mit der vollkommensten Hochachtung zu verbleiben

Ew. Wohlgeboren

ganz ergebenster

Opitz. "

Die Sache war zu Ende; nie wurden mehr Unter=
handlungen mit den beiden Mädchen angeknüpft und
ebensowenig gastirte Opitz jemals in Weimar. Goethe
mag ihn wohl zu den „sich auszeichnenden Künstlern"
gezählt haben, aber Gelegenheit, sich als solchen in Wei=
mar zu zeigen, wurde ihm nicht. Er blieb bei der
Seconda'schen Truppe in Dresden, bis er 1810 daselbst
starb. Was aus den beiden jungen, vielversprechenden
Schauspielerinnen, Sophie und Marianne Koch gewor=
den, vermag ich nicht anzugeben. Sie müssen entweder
frühzeitig vom Theater abgegangen, gestorben, oder am
Ende nicht das geworden sein, was man erwartet hatte;
genug, ihre Namen sind nirgendwo aufzufinden. Mit
ihrer älteren Schwester, der verehelichten Krickeberg,
unterhielten Goethe und Kirms, in Theaterangelegenhei=
ten, später einen recht lebhaften Briefwechsel. Eine An=
zahl derartiger Briefe von 1799—1812 liegen mir vor.

In denselben geschieht indessen obiger beiden jüngern
Schwestern nirgends eine Erwähnung.

————

Goethe war noch vor Ende des Jahres 1797 nach
Weimar zurückgekehrt. — Am 10. November· schrieb er
an Schiller von Nürnberg aus, daß er am 15. desselben
Monats von dort fort und direkt nach Weimar reisen
werde. — Nach seiner Rückkehr äußert er über das Thea=
ter (Tages= und Jahreshefte): „Auf dem Theater fand
ich eine große Lücke; Christiane Neumann fehlte,
und doch wars der Platz noch), wo sie mir so viel In=
teresse eingeflößt hatte.   Ich war durch sie an die Bret=
ter gewöhnt, und so wendete ich nun dem Ganzen zu,
was ich ihr sonst fast ausschließlich gewidmet hatte. Ihre
Stelle war besetzt, wenigstens mit einer wohlgefälligen
Schauspielerin (Mad. Schlanzowsky).   Auch Ca=
roline Jagemann bildete sich immer mehr und
erwarb sich zugleich auch im Schauspiel allen Beifall." —
   Seinen Liebling, die verstorbene Becker, vergaß
Goethe sobald nicht, und er beschloß, ihr Andenken, das
er bereits durch seine Elegie „Euphrosyne" der Nachwelt,
man darf sagen, der Unsterblichkeit überliefert hatte, noch
durch ein weiteres Zeichen, ein Denkmal, zu ehren und
der Vergessenheit zu entreißen.   Im Verein mit Böttiger
und Kirms eröffnete er zu diesem Zwecke eine Sub=
skription, deren Ertrag die bei der Todtenfeier eingegan=

gene Summe von 120 Rchsthlr. vervollständigen sollte. Musculus sagt darüber: „Obschon der Erfolg günstig gewesen zu sein scheint, so waren doch die auf diese Weise gesammelten Gelder nicht hinreichend auch die Trans= port = und Aufstellungskosten damit bestreiten zu können, vielmehr wurde noch dazu ein ansehnlicher Zuschuß aus fürstlicher Parkkasse gewährt.

Das Monument wurde von dem Hofbildhauer Döll zu Gotha, nach der Erfindung und Zeichnung von Hein= rich Meyer, ausgeführt, im Frühjahr 1800 nach Wei= mar gebracht und auf einer kleinen Anhöhe, in dem jen= seit der Ilm, dem Residenzschlosse gegenüber hochgelegenen Theile des Parks, der Rosenberg genannt, aufgestellt.

Was das Monument selbst betrifft, so muß es, bei aller Einfachheit, sowohl wegen seiner tiefen und schönen Bedeutung, als auch wegen geschmackvoller Ausführung als etwas sehr Vorzügliches angesprochen werden.

Auf einem Sockel ruht ein Würfel, welcher auf der vordern Seite die mit einem Lorbeerkranz geschmückte Aufschrift hat:
Euphrosynen.

Dieser Würfel bildet den Untersatz eines allegorisch verzierten Säulensturzes, dessen unteres Ende, ein Säu= lenwulst, den Zodiacus, als Sinnbild der kreisenden, ewig in sich wiederkehrenden Zeit, darstellt. Ueber die= sem Wulst, auf der Säulenfläche sind vier tanzende Ho= ren angebracht, die als Jahreszeiten zugleich das wan=

delnde und wechselnde Leben andeuten. An diesen näm=
lichen Begriff schließen sich die vier Masken an, die eine
Art von Säulenknauf bilden. In ihnen ist die Stu=
fenfolge der vier Alter dargestellt, und im Uebergange
von Freude zur Traurigkeit, im Ausdruck derselben wird
das beständige Schwanken und Schweben zwischen Wohl
und Weh, zwischen Freude und Schmerz, dem alle Lebende
unterworfen sind, deutlich genug bezeichnet. Ueber den
Masken endigt eine Urne das Ganze, und sagt dem Be=
schauer, daß es dem Andenken einer Verstorbenen geweiht
ist. Die Urne hat die Gestalt eines Pinienapfels, damit
sie den abgenommenen Kopf eines Thyrsusstabes vorstelle.
Masken und Urne haben alsdann noch eine andere Be=
deutung und spielen auf die dramatische Kunst an. Es
sind die nachgelassenen Geräthschaften einer Schauspiele=
rin, die hier gesammelt und zu ihrem Andenken aufgestellt
sind. Eben so ist der Schleier, der um die Masken
gewunden ist, von doppeltem Sinn, als Zeichen der
Trauer und als theatralisches Attribut. "

Die Gesellschaft „Erholung" in Weimar hatte den
Garten des Märchendichters Musäus, auf derselben
Höhe liegend, auf der das Monument stand, erworben.
Als dieser Garten um 1827 durch die Gnade des Groß=
herzogs Carl August vergrößert wurde, erhielt die Gesell=
schaft zugleich die Erlaubniß, das Denkmal von seinem
alten Platze zu nehmen und ihrem Grundstück einzuver=
leiben. Dieses geschah. Neun Jahre später machte

Musculus durch eine kleine Broschüre (der ich mehrere Daten und Stellen entnommen) aufs neue auf das Denkmal der Christiane Becker aufmerksam und sprach zugleich den Wunsch aus, daß „das bedeutungsvolle Kunstwerk, an einigen beschädigten Stellen wieder ergänzt, noch lange dem freundlichen Beschauer zu Sinn und Gemüth sprechen" möge. Diese Restauration ist aber — wenn ich nicht irre — bis heute nicht erfolgt. Von 1856—1859 weilte ich als Regisseur der Oper und Mitglied des Hoftheaters in Weimar; oft besuchte ich den Garten der „Erholung", freute mich an der sinnig angebrachten Büste des herrlichen Märchenerzählers Musäus und vergaß nie dem Denkmal der Becker-Euphrosyne einen Besuch abzustatten. In einem wenig besuchten Theile des Gartens steht das Monument, umgeben von düstern Tannen, wohl stärker beschädigt und verwittert als 1836, da der eifrige Musculus zu seiner Wiederherstellung aufforderte. Die Zeit wird wohl ihr zerstörendes Werk fortsetzen und bald die zu meiner Zeit schon recht unleserliche Inschrift gänzlich verwischen. Doch wenn dies auch geschieht, das Andenken der tüchtigen Schauspielerin lebt ewig fort in dem herrlichen Gedichte des Meisters, in der Geschichte deutscher theatralischer Kunst.

Um keine der in dieser Episode erwähnten Personen
zu vergessen, muß ich schließlich noch einen Brief Beck's,
des ersten Unterhändlers in der Koch'schen Engagements=
Angelegenheit, mittheilen. Ich habe früher angedeutet,
daß seine Leidenschaft zum Trunk ihn von der Weimarer
Bühne, zu Ostern 1800, entfernte. Aus dieser Zeit liegt
mir ein Brief vor, den er an Goethe richtete und der das
Ausgesprochene vollständig bestätigt. Er lautet:

„Weimar, den 17. April 1800.

Ew. Excellenz

vergönnen, daß ein Fehlender sich dem Forum seines
menschenfreundlichen, leutseligen Richters zu nähern wage.
Mit so furchtloserem Bewußtsein darf er es sich unter=
stehen, da das Laster: „Trunkliebe" — von der rück=
kehrenden Vernunft in einen Zauberkreis gebannt — ihn
hämisch angrinsend gegenüberstehet und nicht, nimmer
mehr zu locken vermag. Wann dieser Feind entrückt,
zieht man aus schlimmen Dingen nicht mehr das Schlim=
mere, sondern aus dem Schlimmsten das Beßere —
wie Deliquent zu verfahren studirt. Meine offene Beichte
— möchte sie Absolution erhalten, und mit dieser den
Reuigen erquicken! Nur noch ein Jahr stelle man mich
der Probe blos — und — halte ich sie nicht aus — so
sei gänzliche Verachtung die Strafe! — der Ehrgefühl
mir zu entgehen gebieten wird. Bei Rückkehr vollkom=

meiner Ueberzeugung, von Abscheu begleitet, ist nichts zu
fürchten.

Mit Unterwürfigkeit und tiefer Verehrung Ew. Excellenz   unterthänigst reuiger Diener
                                  Beck."

Welch ein Unterschied der Sprache gegen die der frühern Briefe! — Goethe mag der Probe nicht getraut
haben — er hatte sie wohl schon mehrmals und wohl
auch vergebens angestellt — und Beck mußte von Weimar fort.   Wohin er sich gewendet, wie und wo er
untergegangen, vermag ich nicht anzugeben. Daß er aber
dem Laster der Trunksucht erlegen, dürfte als bestimmt
anzunehmen sein.

V.

Herr und Madam Burgdorf. 1798.

———

Mad. Schlanzowsky vermochte die verstorbene Mad. Becker auf die Dauer nicht zu ersetzen, obgleich Goethe — wie wir am Schlusse der vorigen Episode gesehen — sich günstig und zufriedenstellend über sie ausgesprochen. Das Bedürfniß nach Ausfüllung des Faches der jugendlichen Liebhaberin durch eine junge, hübsche und talentvolle Person blieb. Zu Anfang des Jahres 1798 schon hatte man Demj. Tilly nach kaum fünfmonatlicher Wirksamkeit wieder entlassen und behalf sich nun während des Restes der Saison, des zweiten Gastspiels Iffland's (vom 24. April — 4. Mai), so gut es eben gehen wollte. Mit Beginn des Sommers zog die Gesellschaft nach Lauchstädt, dann nach Rudolstadt, und Goethe hatte vollauf zu thun, mit dem Neubau des Schlosses sowohl, als auch mit Herrichtung, Umänderung des Schauspielhauses, welche Arbeiten durch Baumeister Thouret aus Stuttgart ausgeführt wurden. Auch beschäftigte ihn die Eröffnung des gleichsam neuen Hauses, welche im Oktober mit Schiller's „Wallenstein's Lager" gefeiert werden sollte.

12*

Daß Goethe und besonders Kirms während dieser Zeit nicht vergaßen, sich nach einer jugendlichen Liebhaberin umzuthun, dürfte sich wohl von selbst verstehen. Doch blieben alle Bemühungen ohne Erfolg und voraussichtlich mußte die bevorstehende Winter-Kampagne in Weimar mit den vorhandenen Kräften begonnen und durchgeführt werden.

Während Goethe zu Anfang des Septembers sich auf seinem Gute in Ober-Roßla*) befand, sich in Gedanken wohl viel mit der bevorstehenden Saison beschäftigte, die Weimarer Gesellschaft noch in Rudolstadt spielte, zog ein junges Pärchen durch Eisenachs Thore — ob zu Fuß, ob zu Wagen, wer weiß es? — und quartirte sich nach flüchtigem Suchen bei dem Chirurgus Queinzius in der Henkelsgasse ein. Er war ein junger, hübscher Mann von anscheinend guten Manieren und seine Begleiterin muß sich durch außergewöhnliche körperliche Vorzüge ausgezeichnet haben, die jedoch zur Zeit, durch längeres anstrengendes Reisen, Unwohlsein, etwas gelitten haben, und deshalb nicht so hervortretend sein mochten. Sie nannten sich Herr und Madam Burgdorf und gaben vor, Schauspieler und verheirathet zu sein.

---

*) Das Freigut zu Ober-Roßla, auf dem rechten Ufer der Ilm, hatte Goethe 1797, wie Schiller seinen Jenaischen Garten, Wieland Oßmannstedt, acquirirt und um „Grund und Boden, Landesart, die dörflichen Verhältnisse" näher kennen zu lernen, war er 1798 für einige Zeit dorthin gezogen.

Dem war aber nicht ganz also. Der junge Mann hieß von Hause aus Ludwig von Wedell; er hatte sich mit seiner altadeligen Familie überworfen, war zum Theater gegangen, hatte dann unter dem Namen Burgdorf in Reval, später in Hannover gespielt und auf diesen Reisen, bei einem oder dem andern Theater — oder auch wohl gar außerhalb der Bühne — seine nunmehrige Begleiterin kennen gelernt. Dieselbe besaß außer ihren körperlichen Reizen noch eine ziemliche Dosis esprit, den sie aber, zum Unglück für ihre nächste Umgebung, mehr zum Schlimmen, denn zum Guten verwendete. Ja, aus ihrem spätern Thun und Lassen geht hervor, daß sie, fast aller sittlichen Grundlage bar, sich nur durch Lügen und Kokettiren zu halten, einen äußeren Anschein von Wohlanständigkeit zu geben suchte, was ihr auch so ziemlich — bei ihrem etwas schwachen Geliebten aber vollständig — gelang, bis sie zuletzt die Maske abwarf und sich ohne Scheu in ihrer wahren Gestalt zeigte.

Diese Person nun hatte den von Wedell-Burgdorf derart gefesselt, daß er blind für alles Andere geworden und nur in ihr, für sie lebte. Unter dem Namen Minna Charlotte Burgdorf führte er sie als seine Gattin mit sich in der Welt herum und Beide kamen zur Zeit von Hannover, zusammen ein Engagement für den bevorstehenden Winter suchend.

Ueber Kassel waren sie nach Eisenach gezogen. Daselbst wurde die junge Frau unwohl, eine natürliche Folge

ihres „hoffnungsvollen" Zustandes. Sie hatten sich
deshalb bei dem obenerwähnten Chirurgus Quetzius
eingemiethet und Burgdorf versuchte von dort aus schrift=
lich einige Anknüpfungspunkte für ein passendes Winter=
engagement zu finden.

Wohin konnte er sich wohl eher und besser wenden,
als nach Weimar, an Goethe, den gefeierten Dichter und
Leiter des dortigen Hoftheaters? Derselbe empfing denn
auch, alsbald nach Ankunft der Beiden, in Ober=Roßla
folgendes Schreiben:

„Eisenach, den 8ten September 1798.

Wohlgeborner

Hochzuverehrender Herr Geheimde=Rath!

Auf privat Verhältnisse, die mich nebst meiner Frau
vor kurzer Zeit bestimmten die Hannöverische Bühne zu
verlassen, sind wir so frey unsere Talente für das unter
Ew. Wohlgebohren Ober=Aufsicht stehende Hoftheater ganz
ergebenst anzutragen.

Mein Fach sind Chevaliers, wozu die Kenntniß der
französischen Sprache mir zu statten kommt, darin ein=
schlagende feine Bediente, Dummlinge und jugendliche
Liebhaber. Meine Frau spielt erste, auch wohl zweyte
Liebhaberinnen im Lust= und Schauspiel, naive Mädchen,
zweyte Rollen in der Oper und da sie ebenfalls außer
mehreren Sprachkenntnissen das Französische sehr fertig
spricht, allenfalls auch Anstandsrollen.

Da einige wenige Selbstmeinung und der Beyfall der

Zuschauer, wovon man besonders in Reval in Ehstland
so gütig war uns viele Beweise zu geben, Ew. Wohlgebo=
ren ohnmöglich als Maaßstab unserer Beurtheilung auf=
gedrungen werden können, so lassen wir die Bestimmung
unserer Gage recht gern aufs Debüt ankommen, insofern
wir nur im Fall der Nichteinigung für unsere kleine
Reise und etwaigen Aufenthalt 2c. entschädigt werden.

Die in diesem Falle zum Debüt vorzuschlagende Rol=
len würden von meiner Seite einige der folgenden seyn:
— Graf von der Mulde. — Der Kammer = Junker von
Falkenberg in den Unglücklichen von Kotzebue. — Van
der Husen in Armuth und Edelsinn. — Vicomte de
Maillac in Kotzebues falscher Scham. — Riccault de la
Marlinière in Minna von Barnhelm. — August in
Leichtsinn und gutes Herz. — Sekretair Dallner in
Dienstpflicht. — Ludwig Brock in die: Mündel. 2c. 2c.
Von Seiten meiner Frau: Afanasia in Graf Benjowsky.
Rosamunde in Abällino. — Amalie im Kind der Liebe.
Chatinka im Mädchen von Marienburg. — Henriette
Spindler in Julius von Sassen. — 2c. 2c. In der
Oper: Joseph in die petits savoyards. — Pamina in
der Zauberflöte. — Azemira in: die Wilden. 2c. 2c.

Nach angelegentlichem Gesuch um gefällige Erwiede=
rung mit umgehender Post bittend, da meine Verhältnisse
mir keinen längern Aufenthalt gestatten, als eine Unpäß=
lichkeit meiner Frau erfordert, habe ich die Ehre mit voll=

kommenster Hochachtung zu unterzeichnen als Ew. Wohl=
geboren

ganz gehorsamster Diener
Ludwig Burgdorf, Schauspieler,
wohnhaft in der Henkelsgasse beym Chirurgus
Queinzius eine Treppe hoch. "

Dieser Brief ging sogleich von Ober=Roßla, mit den
nöthigen Instruktionen Goethes, zurück nach Weimar
und an den Hofkammerrath Kirms. In Eisenach bestand
zur Zeit ein Liebhabertheater, dessen Seele die Frau
geheime Räthin von Bechtoldsheim, Goethes lang=
jährige Freundin, war. Unter andern stand dieser Bühne
noch vor der dortige Landkammerrath Steinbrück,
ein guter Bekannter von Kirms. Letzterer schrieb an
Steinbrück unter Beischluß des Briefes von Burgdorf.
Der Inhalt dieses Schreibens theilt uns die Ansicht, die
Meinung Goethes mit.   Es lautet:

(Weimar, am 12. September 1798.)
„Wohlgeborner,
Hochgeehrtester Herr Land=Cammer=Rath!
Die hiesige Hof=Schauspieler=Gesellschaft befindet sich
jetzt bey dem Fürst von Rudolstadt, und wird wegen eines
Baues im Comödienhause die hiesige Bühne vor dem
6ten oder 8ten October nicht wieder eröffnet: es ist daher
ohnmöglich den aus der Beylage (dem Briefe Burgdorfs)
zu ersehenden Vorschlag anzunehmen.   Wollte man diese

Leute nach Rudolstadt schicken und sie daselbst Gastrollen
spielen lassen, so ist es einmal eine ziemlich kostspielige
Reise bis dahin und hernach würde es Unruhe unter der
Gesellschaft verursachen, ob man gleich wegen des Ab=
lebens der Malkolmi, Mad. Schlanzowsky aus dem Fach
der Liebhaberinnen wegnehmen will, und diesemnach
deren, oder vielmehr der Mad. Becker ihre Rollen mit
einem neuen Subjekte zu besetzen hat. Wenn daher die
sogenannte Madam Burgdorf, von hübscher Figur,
interessantem und jugendlichem Ansehen wäre, nicht affec=
tirte, dabey reinen Dialect hätte, so könnte allerdings mit
ihr ein Engagement statt finden. Der Mann müßte zu=
frieden seyn was er für Rollen bekäme, da sein Fach
ziemlich besetzt ist.

Zu Ihnen, zu Ihrem Geschmack, Kenntniß vom Thea=
ter und selbst auch zu Ihrer Bekanntschaft mit dem Wei=
marischen Geschmack hat der Herr geheime Rath von Goethe
das Vertrauen daß Sie die Gefälligkeit haben werden
diese Leute anzusehen, ihnen, wenn sie Ihnen nicht anstehen,
sogleich eine abschlägige Resolution zu geben oder, wenn
sie hübsch und von ihr besonders etwas zu hoffen wäre,
auf Ihrem Theater in Eisenach sich ein paar Scenen vor=
spielen zu lassen, um alles genau und besonders die Deut=
lichkeit ohne Affectation hören zu können.

Finden Sie diese Frau annehmlich, so hören Sie ihre
Bedingungen und geben mir durch den rückkehrenden
Bothen, der einen halben Tag warten kann, eine gefällige

Nachricht und senden mir beyliegenden Brief (von Burgdorf) zurück.

Hochachtungsvoll 2c. 2c."

(Kirms.)

An Burgdorf war mit demselben Boten auch ein
Brief von Kirms abgegangen, worin der Schauspieler
mit seiner jungen Frau an den Eisenacher Landkammerrath Steinbrück gewiesen wurde. Doch beide Schreiben
kamen zu spät; die Burgdorfs hatten Eisenach bereits
verlassen.

Die beiden jungen Leute hatten während ihres Aufenthalts in letzterm Städtchen die Frau von Bechtolsheim kennen gelernt und durch ihr vortheilhaftes Aeußere
sowohl, als ihre guten Manieren und gewiß interessanten
Schicksale diese Dame sehr für sich eingenommen. Frau
von Bechtolsheim hatte ihnen die besten Hoffnungen
auf ein Engagement in Weimar gemacht, ihnen eine
warme Empfehlung an ihren Freund Goethe eingehän-
digt und die beiden jungen Leute aufgefordert, ermuntert,
direkt nach Weimar, zu Goethe, zu reisen, als der kürzeste,
beste Weg, um zu dem ersehnten Ziele zu gelangen. So
waren denn Burgdorf und seine Frau von Eisenach fast
zur selben Zeit abgereist und auf dem Wege nach Weimar, als der Bote von Kirms mit seinen zwei Briefen daselbst anlangte, der vielleicht gar an ihnen vorbei-
getrabt war.

Herr Landkammerrath Steinbrück konnte deshalb, trotz aller Bereitwilligkeit und zu seinem größten Leidwesen, seinem Kollegen Kirms durch den rückkehrenden Boten keine andere Nachricht senden, als daß, „da er heute Abends (am 13. Sept.) 7 Uhr das verehrliche Schreiben zu erhalten die Ehre gehabt habe, er alsogleich den Herrn und die Madam Burgdorf auf morgen Vormittags zu sich invitiret, er von deren Hauswirthin aber erfahren, daß sie schon heute Nachmittags um 5 Uhr mit Extrapost nach Weimar abgereist wären, wohin ihnen auch alle eingehende Briefe nachgeschickt werden sollten."

Der reitende Weimarer Bote machte mit diesem schriftlichen Bescheid und dem unbestellbaren Briefe an Burgdorf sofort Kehrt, traf jedoch glücklicher — vielleicht auch unglücklicher — Weise in Gotha mit dem Schauspieler und seiner Frau zusammen und händigte denselben nunmehr den Brief von Kirms ein.

Burgdorf faßte sich kurz. Er schrieb sogleich folgende Zeilen an Kirms:

„Gotha, den 14. September 1798.

Wohlgeborner

Hochzuverehrender Herr Hof Kammerrath!

Schon auf der Reise nach Weimar begriffen und bereits in Gotha, habe ich glücklicher Weise noch die Ehre dero Zuschrift vom 12. September zu erhalten. Die Anweisung an Herrn Land-Cammerrath Steinbrück scheint mir einige Aussicht zu eröffnen und ich trage also kein

Bedenken, da vielleicht durch ihn schon bestimmt werden kann, dies auf den kürzesten Weg zu erhalten und sogleich wieder nach Eisenach zurückzureisen. Ich hatte dem Herrn Geheimde Rath von Goethe von der verehrenswerthen Frau Kanzlerin von Bechtolsheim ein Empfehlungsschreiben zu überreichen, welches ich aber itzt bis zu unserer persönlichen Ankunft zurückzuhalten so frey bin.

Mit vorzüglichster Hochachtung 2c.

L. Burgdorf."

Der Bote setzte mit diesem Briefe seine Reise nach Weimar fort, während Burgdorf und seine Frau noch in derselben Nacht nach Eisenach zurückfuhren.

Am folgenden Morgen wurde der Land-Kammerrath Steinbrück durch folgendes Billet überrascht:

„Von hier, den 15. September 1798.

Wohlgeborner Herr!

Schon auf meiner fernern Reise begriffen und bereits in Gotha hat mich ein Schreiben der Weimarischen Theater Direction dort noch getroffen, worin ich in Betref einer Unterhandlung mit derselben an Ew. Wohlgeboren angewiesen werde. Ich habe zu dem Ende diese Nacht die Reise von dort zurückgemacht und bin nebst meiner Frau so frey anzufragen, um welche Zeit Ew. Wohlgeboren unsere Aufwartung befehlen. Mit vollkommenster Achtung

verharrt Ew. Wohlgeboren ganz ergebenster

Burgdorf, Schauspieler."

Steinbrück ordnete nun sofort eine Probe für die
beiden Darsteller an. Dieselbe fand in den Zimmern
der Frau von Bechtolsheim statt. Das Resultat dieser
Probe theilen Steinbrück und Frau von Bechtolsheim in
den beiden folgenden Schreiben, ersterer an Kirms, letz=
tere an Goethe, mit.

Steinbrück schreibt:

„Eisenach, den 16. September 1798.
Wohlgeborner Herr,
Hochgeehrtester Herr Hof Cammerrath!

Wie Euer Wohlgeboren ich zu melden die Ehre hatte,
waren Herr und Madam Burgdorf von hier abgereißt.
Gestern erhielt ich, wider alle Erwartung von ihm bey=
liegendes Billet (oben mitgetheilt), worauf ich sie Beide
zu mir bat, um aus ihrem Benehmen auf das Talent nur
einigermaaßen schließen zu können. Sie erschienen, und
ich sahe eine junge, wirklich hübsche Frau, die für sich
einnimmt, von schlankem Wuchse und mittlerer Größe.
Sie hat, nach meinem Dafürhalten alle die in Euer
Wohlgeboren Briefe vorgeschriebenen Erfordernisse,
nemlich:

„hübsche Figur, jugendliches interessantes Aeussere,
„nicht affectirt und dabey guten Dialect.“

Sie scheint das Gegentheil von affectirt zu sein, und
ist zu bescheiden für eine Schauspielerin. Ihr Dialect
ist der hannövrisch=hochdeutsche, der, meinem Bedünken
nach, in ihrem Munde sich gut ausnimmt, so daß man

gern darüber hinhört, wenn sie das G. als J. ausspricht.
Z. B. wie die Leipzigerinnen: jejeben statt gegeben. Sie
läßt das j. für g. nur in dem Worte gegeben hören; weiter habe ich es nicht bemerkt. — Der Ton ihrer Stimme
ist sanft und ihr ganzes Benehmen verräth eine gute Erziehung.

Er ist ebenfalls ein junger, interessanter Mann, von
mittlerer Größe und schlankem Wuchse, von Geburt ein
Berliner, der sich gut zu nehmen weiß, schnell und dabey
gut spricht, und eine Zeitlang in Königsberg studirt
haben will.

Um sich zu ihrem Probestück vorbereiten zu können,
theilte ich der Madam die beyden Schauspiele: das Mädchen von Marienburg und Graf Benjowsky mit und bat
mir aus ersterm die von Euer Wohlgeboren vorgeschrie-
bene Scene der Chatinka mit dem Zaar, als der Hund
die Supplik abgegeben hatte, aus letzterm aber die Scene
der Afanasia mit dem Benjowsky aus, wo sie ihn bittet,
sie französisch zu lehren und er sie die Worte: das Herz
schlägt, übersetzen lehrt; sie hierauf das le coeur palpit
in seiner Gegenwart in verstellter Gleichgültigkeit nach-
spricht, und endlich nach seinem Weggange mit sichtbarer,
immer steigender Unruhe, als das Geständniß ihrer Liebe
für sich wiederholt. Auch diese Scene erfordert, meiner
Meinung nach, keine gewöhnliche Schauspielerin. Uebrigens überließ ich Beyden, sich noch einige Scenen aus
andern Stücken zu wählen.

Heute Nachmittag legten sie, in Gegenwart der Frau
Geheimen Räthin von Bechtoldsheim, dieser Kennerin
alles Schönen und selbst theatralischer Künstlerin, inglei=
chen des Herrn Land Cammerrath N a t h u s i u s , eines
Kenners von gutem Geschmack und richtigem Kunstblicke,
sodann im Beyfein eines Herrn von B u c h e n a u , des
jüngern S t r e i t e r s und meiner, ihre Probe ab.

Es war S c h a d e *), daß Madam Burgdorf die ihr
aufgegebenen Scenen nicht m e m o r i r t hatte. Sie ent=
schuldigte sich deshalb mit K o p f w e h und einem Anfalle
von H u s t e n und S c h n u p f e n . Indessen declamirte
sie, nach collegialischem Urtheile, richtig, und verband in
der Rolle der Chatinka, in der obengenannten Scene,
mit Naiveté und Herzlichkeit eine große B e s c h e i d e n =
h e i t , wodurch sie zu erkennen gab, daß sie nicht vergesse,
mit wem sie spreche. Die Worte: „Bey Gott! so war's
nicht gemeint!" sprach sie mir nicht zu Danke.

Die Rolle der Afanasia in der schon bemerkten Scene,
nahm sie nach collegialischem Urtheile, g a n z gut. Sie
sprach das le coeur palpit vortrefflich: nur die Panto=
mime, die vorhergehen muß, ehe sie diese Worte als
Selbstgeständniß ihrer Liebe wiederholt, ging v e r l o h =

---

*) Die in diesem und dem folgenden Briefe gesperrt ge=
druckten Stellen sind die von Goethe doppelt unterstrichenen,
auf die er in seinem folgenden Schreiben an Kirms hinweist.

r e n. Uebrigens declamirte sie noch einige Scenen aus
dem Benjowsky zu unserer Zufriedenheit.

Die gute Frau war äußerst v e r l e g e n — und
b e k l o m m e n. Ich glaube gar wohl, daß es ein Unter=
schied ist, vor einem ganzen Parterre, in Verbindung mit
allen Umständen und Erfordernissen eine ganze Scene zu
spielen, und im Zimmer, vor wenigen Personen, die ganz
Auge und Ohr sind, einige aus dem Ganzen heraus=
gerissene Scenen zu geben.

Das collegialische Urtheil geht endlich dahin, daß
diese beyden Leute allerdings empfehlungswerth und nicht
ohne Talent seyen, und daß gewiß zu erwarten stehe, daß
sie, bey einer guten Kritik, auch gute F o r t s c h r i t t e
machen würden. Wie mancher gute Schauspieler hat sich
schon in Weimar gebildet! —

Ich muß noch nachhohlen, daß Herr Burgdorf mehr
Theaterkenntniß als seine Frau zu haben scheint; i n d e s =
s e n declamirte er die Rolle des Eduard im Mädchen
von Marienburg sehr n a c h l ä s s i g, unter dem Vor=
geben daß es seine Rolle nicht sey.

Sie verlangen Beyde vor der Hand, wöchentlich
10 Rchsth. Gage, bitten aber um Zulage, wenn sie
gefallen sollten. Ferner bitten sie um 2 Louisd'or als
Entschädigung für ihre Reise und um baldige Resolution.

Dies ist es, was ich in der Sache zu melden gehabt
habe: vielleicht enthält der beyliegende Brief von der
Frau Geh. Räthin von Bechtoldsheim mehr.

Dem Herrn Geheimen Rath von Goethe Hochwohl=
geborne Gnaden, dem ich mich unterthänigst gehorsamst
zu Gnaden empfehle und Euer Wohlgeboren gebe ich die
weitere Entschließung ganz gehorsamst anheim, und erbitte
mir weitern Auftrag in der Sache, in derjenigen wahren
Hochachtung, mit welcher ich zu verharren die Ehre habe

    Euer Wohlgeboren ganz gehorsamster Diener

      Siegmund Friedrich Steinbrück.

In Eile. "

Das Schreiben der Frau von Vechtolsheim an
Goethe lautete:

    „Eisenach, den 16. September 1798.

Ich habe Ihnen lieber Geheimer Rath, vorige Woche
ein paar junge Schauspieler empfohlen, die sich glücklich
fühlen würden bey Ihrem Theater engagirt zu werden.
Sie reißten von hier ab, erhielten aber zu Gotha einen
Brief von Herrn Land=Cammerrath Kirms, der sie hier
an Herrn Land = Cammerrath Steinbrück vor der Hand
zurückwieß. In seiner Gegenwart und der einiger Lieb=
haber der theatralischen Kunst haben diese jungen Leute
oben in meinem Zimmer einige Scenen abgelesen.
Ihre Declamation ist richtig, ihr Sprachorgan angenehm,
sie scheinen Beide eine feine Erziehung und Sinn und
Gefühl für ihre Kunst zu haben. Von dem Grad
ihrer Talente ist aber bey einer so oberflächlichen
Probe gar nicht zu urtheilen.

Ich dächte, Sie hätten die Güte sie zum wenigsten auf eine kurze Zeit kommen zu lassen. Sie machten auf so lange dieses Paar glücklich, und gefallen sie Ihnen nicht, so können Sie sie bald wieder los werden, indem sie schon halb und halb ein engagement bey der Gesellschaft haben, die jetzt zu Stade spielt, und Lust hat in 5 bis 6 Wochen hierher zu kommen.

Da ich in diesem Augenblick in Gesellschaft muß, so habe ich nur eilends diese Zeilen aufs Papier werfen können. Verzeihen Sie mein theurer liebenswürdiger Freund ihren ganz prosaischen Ton, die Momente drängen sich. Ich möchte den guten Leuten gerne nützlich seyn, und darüber habe ich sogar vergessen müßen Ihnen etwas von mir selbst, und von meiner alten unauslöschlichen Anhänglichkeit für Sie zu sagen

Ihre

Julie."

Goethe empfing durch Kirms auch das Schreiben des Eisenacher Schöngeistes und Kenners, der sich nicht wenig geschmeichelt gefühlt haben mag, in einer künstlerischen Angelegenheit, an welcher Goethe Interesse nahm, sein Urtheil abgeben zu dürfen, seine Weisheit in theatralischen Dingen vor jenem großen Manne leuchten zu lassen.

Goethe's scharfer Blick hatte aus beiden Schreiben, trotz aller Floskeln und Umschweife, sogleich das Richtige herausgelesen. Seine Antwort an Kirms legt dies

dar; der spätere Verlauf der Angelegenheit bestätigt die
Richtigkeit seines Urtheils aufs vollständigste.

Goethe's Brief an Kirms lautete:

„Oberroßla, am 19. Sept. 1798.

Wenn ich mich nicht in der Physiognomie des Stein-
brückischen und Bechtolsheimischen Schreibens äußerst
irre, so ist das liebe theatralische Paar wenig oder
nicht zu brauchen.

Haben Sie die Güte die von mir doppelt unterstriche-
nenen (in beiden Briefen gesperrt gedruckten) Stellen anzusehen und Sie werden finden daß nicht viel zu ihren
Gunsten gesagt ist. Ich wollte wetten die Frau ist
noch auf keinem Theater gewesen und er ist
ein Hasenfuß.

In meinem Leben habe ich so oft bemerkt daß Menschen, die sonst zuverlässig sind, gegen jemand der eine
Stelle zu vergeben hat, gar kein Gewissen haben. Man
will die Leute anbringen und wir mögen nachher sehen
wie wir sie los werden.

Wäre unsere Gesellschaft in Weimar, so könnte man
einen Versuch machen, unter jetzigen Umständen aber
kosten uns die Leute gewiß über 100 Rchsth. bis wir sie
wieder los werden. Dies ist so meine Meinung, haben
Sie aber irgend ein Zutrauen zu der hübschen Figur, wie
sie beschrieben wird, so will ich auch nicht dagegen seyn,
denn man muß ja allerley wagen. Leben Sie recht wohl.
Ich hoffe Sie bald wieder zu sehen. G. "

Kirms, als praktischer, ökonomischer Mann, ließ sich durch Goethe's Urtheil vollständig bestimmen und war durchaus nicht der Meinung, so rasch hundert Thaler und vielleicht noch mehr zu riskiren. Er benachrichtigte den Landkammerrath Steinbrück in Eisenach kurzer Hand, daß die Weimarische Hoftheater=Direktion auf das Engagement der beiden jungen Leute verzichte, bevollmächtigte ihn, denselben als Entschädigung 10 Laubthlr. auszuzahlen, und betrachtete die Sache als vollständig erledigt.

Hiermit erreichte das Vorspiel dieser — Tragi=Komödie sein Ende.

Wenn nun auch Kirms der Meinung war, daß die Angelegenheit abgethan sei, so waren die beiden Burg= dorf indessen ganz entgegengesetzter Ansicht. Mit dem empfangenen Gelde wurden wahrscheinlich Eisenacher Schulden bezahlt, sodann der Rest zur Reise nach Wei= mar benutzt, wo das Paar denn auch etliche Tage nach dem abschlägigen Bescheid, mit dem älteren Briefe der Frau von Bechtoldsheim und einem weitern Schreiben Steinbrück's an Kirms, glücklich anlangte.

Dieses Schreiben Steinbrück's, welches noch eine weitere Aufklärung giebt, lautete:

„Eisenach, den 22. Sept. 1798.

Wohlgeborner Herr,

Hochzuehrender Herr Hof-Cammerrath.

Den Schauspieler Burgdorf und seine Frau habe ich, nach Ew. Wohlgeboren Anweisung gestern abschläglich beschieden, und ihm 10 Laubthaler zu 39 Sgr. als ein Wartegeld ausgezahlt, worüber er mir quittirt hat. Er war über die abfällige Resolution sehr verlegen, und glaubte, wenn er sich nebst seiner Frau selbst in Weimar producire, daß er doch reüssiren möchte. So wenig ich ihm die Dahin-Reise wehren konnte, so wenig habe ich ihm dazu gerathen. Er würde sich aber auch nicht haben zurückhalten lassen, da er in Noth zu seyn scheint, und seine Frau (wie mir die Frau Geh. Räthin von Bech-toldsheim sagte), guter Hoffnung ist. Sollte eine Hoch-verehrliche Theater-Direction dieses Paar noch engagiren zu können glauben, so wird sie dabey wohlfeile Bedingungen machen können.

Die 10 Thlr. wird mir die hiesige Cammer-Casse restituiren und der fürstl. Hof- oder Cammer-Casse zu Weimar zurechnen.

:c. Ew. Wohlgeboren :c. :c.

S. F. Steinbrück."

Herr und Madam Burgdorf waren also in Weimar und versuchten nunmehr persönlich ihr Heil und Glück bei dem in solchen Fällen etwas unzugänglichen Kirms.

Derselbe machte ihnen auch durchaus keinerlei Hoffnun=
gen, sondern bedeutete sie freundlich doch ernst, keine wei=
tere Zeit zu verlieren und sich sobald als möglich nach
einem andern Orte zu begeben, der ihnen mehr und
bessere Aussicht böte. Ein paar Tage nach Ankunft der
beiden Leutchen war auch Goethe wieder von seinem Frei=
gut Ober=Roßla nach Weimar zurückgekehrt und nun wen=
deten sie sich an diesen. Der Brief der Frau von Bech=
tolsheim wurde übergeben und während sie den Erfolg
dieses Schrittes abwarteten, wagte Frau Burgdorf hin=
ter dem Rücken ihres Mannes noch einen Sturm auf
das Herz des Hofkammerraths, in dessen Augen sie wahr=
scheinlich bei persönlichem Verkehr Interesse an ihrer
hübschen Gestalt, Theilnahme mit ihrer Lage gelesen. Sie
schrieb ihm — etwa den 24. oder 25. September —
folgenden merkwürdigen und charakteristischen Brief:

„Da mein Mann nicht zu Hause ist — ich also völ=
lige Muse habe zur Niedersetzung meiner Gedanken, bin
ich so frey Ihnen Herr Hoff Kammerrath einige wenige
Worte, im vollen Vertrauen auf Ihre Güte zu sagen. —

Die feste Ueberzeugung ich rede mit einem Mann
edler Denkungsart (denn als solcher lernte ich Sie kennen)
ermuntert mich zu diesem Schritt. —

Glücklich und froh verflossen mir die Jahre der Kind=
heit, Ansprüche mancherlei Art zu denen mich meine Ver=
hältnisse berechtigten, zeigten mir die glänzendste Zukunft,
sorglos und heiter schritt ich ihr entgegen — ohne zu

wähnen, daß man dennoch sinken könne, wenn man glaubt die höchste Stufe Menschlichen Glücks erstiegen zu haben. — Nur zu bald ward ich davon überzeugt. — Schicksale und Verhängniß entrißen mich den süßesten Hoffnungen. Da ich kaum noch zu denken fähig war, ward mir alles entrißen; selbst die Stütze an der meine schwankende Jugend sich hielt. Hineingeschleudert in die große Welt — ohne Aussicht, ohne Hoffnung, ohne Alles, blieb mir nichts übrig als meine jetzige Bestimmung — ich ergriff sie mit Freuden — aber fand bald, nur zu bald — daß ein Mädchen ohne Weltkenntniß diese schlüpfrige Bahn nie ohne Führer betreten muß. Nach vieljährigen Leiden, fand ich zwar i h n, aber nicht wie ich glaubte auch meine Zufriedenheit wieder. Seit drey Monaten irren wir unstät und flüchtig, ohne Brodt — Kummer allein war die Würze des Wenigen was uns zum Genuß übrig blieb. —

Jetzt leuchtet uns Hoffnung — allein! — Lieber Herr Hof Kammerrath — Sie sind wohldenkend und gut — nur einen Augenblick setzen Sie sich in unsere Lage — und Ihr gutes, edles Herz wird vergessen, wo es hadern könnte. — Ein Mann wie Sie — ein Mann wie der Herr Geh. Rath, wissen nicht — können nicht wißen, was drückender Kummer und was Elend ist. — O thun Sie Ihr möglichstes, würdiger Mann! ich beschwöre Sie mit Thränen des innigsten Grams. Helfen Sie — Sie können es. —

Leben Sie wohl ich muß schließen denn ich fürchte daß mein Mann mich überrascht. Nochmals leben Sie wohl!

Ihre

ergebene Dienerin
Minna Burgdorf.

In großer Eile.
Verzeihen Sie das Geschmier."

Der Brief selbst zeigt deutlich eine Menge Thränenspuren: er verfehlte auch sicher nicht, einen gewissen Eindruck auf den Hofkammerrath zu machen. In wiefern er indessen Wahres oder Falsches enthielt, sollte Kirms in der Folge noch zur Genüge erfahren und auch der Leser wird im Verlauf dieser Angelegenheit aus den spätern Dokumenten deutlich die Lüge von der Wahrheit zu unterscheiden vermögen. Auf alle Fälle geht aber aus dem Schreiben hervor, daß Madam Burgdorf keine gewöhnliche Person gewesen, sondern Bildung, Geist und Manieren gehabt haben muß, die ihre körperlichen und jugendlichen Vorzüge bedeutend unterstützten und wodurch sie wohl im Stande war zu fesseln und für sich einzunehmen. —

Das Resultat dieses thränengetränkten Schreibens war eine Unterredung, die Kirms mit Goethe pflog, wobei festgestellt wurde, die beiden Gatten, oder vielmehr und hauptsächlich nur Madam Burgdorf zu hören, zu prüfen. Beide wurden hierauf aufgefordert, einige Scenen auf dem Theater zur Probe zu spielen. Sie nahmen dies an und Burgdorf schrieb nun den folgenden, darauf bezüglichen Brief an Kirms:

„Von Hier, den 27ten September 1798.
Wohlgeborner Herr!

Ohngeachtet nach dem ohnfehlbaren Urtheil des Trostes unserer Kunstverwandten, die Vorsicht des Herrn Geheime-raths etwas Demüthigendes für uns enthalten mögte, und ich durch Beweise, von denen ich die Ehre haben werde heute Abend einige zu produziren, und auf meiner Reise von Rußland nach Hannover, mehr Vertrauen von der Hamburgischen, Altonaer, Schweriner, Magdeburger und Hannoverscher Direction darthun konnte — so ist eine solche Vorsicht einer jeden Theaterdirection doch zu sehr zu empfehlen. Ich fühle zu lebhaft meine jetzige Pflicht mich nach Verhältnissen zu bequemen, um nebst meiner Frau das geeignetste Bedenken zu tragen, uns den gefäl-ligen Bestimmungen des Herrn Geh. Raths von Goethe zu unterwerfen.

Zu dem Ende bin ich, in Betracht der zu wählenden Scenen so frey mir die Bücher vom Kind der Liebe, nach der Original=Ausgabe; Armuth und Edelsinn; die In-dianer in England und, ist das Manuscript der Unglück-lichen nicht mit nach Rudolstadt, auch dies gehorsamst zu

erbitten. Auch um das Buch von Ifflands Dienstpflicht
ersuche gehorsamst.

Mit vieler Achtung verharre

Ew. Wohlgeboren

gehorsamster Diener

L. Burgdorf."

Die Probe der beiden Burgdorfs fand im Theater
und im Beisein Goethe's statt. Aus derselben ergab sich,
daß Burgdorf für die Weimarischen Verhältnisse nicht
wohl paßte, seine Frau aber, wegen „hübscher Figur"
und „besonders gutem Organ", zu engagiren sei, weil
dadurch, wenn „dieselbe, wie bei Madam Becker der
Fall gewesen, dem Unterricht der Demoiselle Corona
Schröter sich unterziehen würde, das Fach der Madam
Becker wieder besetzt werden könnte."

In diesem Sinne operirten nun die beiden eigentlichen Leiter des Theaters. Man zeigte sich bereit, Madam Burgdorf zu engagiren, jedoch nur sie allein, nicht
ihren Mann. Die junge Frau scheint damit zufrieden
gewesen zu sein, doch nicht so Burgdorf. Es kam zwischen beiden Gatten zu unangenehmen, heftigen Auftrit-
ten und in einem solchen Augenblicke ließ sich Burgdorf,
obgleich er seine Frau innig liebte (Beweise hierfür finden wir später mehrere), von seiner Hitze derart hin-
reißen, daß er seine Gattin thätlich mißhandelte. Madam
Burgdorf rief den Schutz des Hofkammerraths Kirms

an und dieser stellte denn auch bald das gute Einvernehmen
zwischen den beiden Leuten wieder her. Dieser Vorfall
aber war Ursache, daß nach mancherlei Besprechungen
zwischen Kirms und Goethe andere Bestimmungen für
ein abzuschließendes Engagement festgestellt wurden. Diese
lauteten dahin, daß Madam Burgdorf vorläufig bis
Ostern 1799 zu engagiren sei. Würde sie sich bis dahin
als brauchbar, gelehrig erwiesen haben, so solle der Kon=
trakt auf drei weitere Jahre verlängert, auch von letzterm
Zeitpunkte (Ostern 1799) an Herr Burgdorf für klei=
nere und Aushülfsrollen mit engagirt werden.

Burgdorf, der aus solchen neuen Anerbietungen sah,
daß man eigentlich doch nur seine junge Frau zu behal=
ten und sogar gerne zu behalten wünsche, war aber
durchaus nicht gesonnen, sich von ihr zu trennen. Er
wollte deshalb entweder sein Mitengagement, durch sie,
durchsetzen, oder mit ihr Weimar verlassen, wozu er schon
gedachte, sie zu zwingen. In diesem Sinne schrieb er an
Kirms:

Dienstag, den 28ten September 1798.

Gehorsamstes Pro memoria.

Obschon meine itzige Verhältnisse mich nöthigen, die
Bestimmungen der resp. Theater=Direction in Betreff
meiner Frau dankbar zu acceptiren, so schmeichle ich mir
doch, daß folgende Vorstellungen zu meinem Vortheil
nicht ganz übersehen werden dürften.

Es findet sich beym Theater sehr häufig, daß, beson=

ders bey zureisenden Subjecten der eine Theil nicht immer
mit dem andern gleich brauchbar seyn kann; alsdann
aber ist es natürlich, daß der andere sich so lange jede
Zurücksetzung gefallen läßt und die kleinste Rolle ohne
Murren übernimmt, bis sein Fach entweder erledigt, oder
die Direction selbst darauf aufmerksam gemacht wird, ihn
besser gebrauchen zu können. Ich verspreche hiermit
feyerlich, daß ich dies ebenfalls sehr gerne zufrieden bin.

Der Herr Land Kammerrath Steinbrück machte mich
damals gleich mit den Verhältnissen bekannt und wir
forderten in Hinsicht darauf zusammen eine Gage wie sie
ein einzelnes Frauenzimmer nothwendig nicht viel kleiner
erhalten dürfte, um auskommen zu können; besonders
wenn sie genöthigt ist, sich eigene Garderobe zu halten.
Zusammen hätten wir in der That dem hiesigen Theater
von einigem Nutzen werden können, statt daß unsere
längste Trennung doch nur bis Ostern dauern kann, und
hat meine Frau während der Zeit Rollen erhalten, diese
alsdann wieder erledigt werden müßten.

Ich bin also, auf diese Gründe gestützt, noch einmal
so frey, um mein Mitengagement, entweder bis Ostern,
oder auch blos auf sechswöchentliche Aufkündigung gehorsamst, allenfalls für eine Gage von neun Reichsthaler
anzutragen und überzeuge mich gern, daß man es auf
den einen Thaler mehr nicht wird ankommen lassen, zwey
jungen Leuten, die allenfalls wohl ihren Zweck erfüllen, fort-
zuhelfen und zu ihrer Zufriedenheit beyzutragen. Meine

Frau allein würde nicht füglich unter einer Gage von acht Reichsthaler (bey eigener Garderobe) fordern können.

Mit vieler Ehrfurcht verharre

Euer Hochwohl und Wohlgeboren gehorsamster

L. Burgdorf."

Die Direktion, die in Wahrheit Hoffnung auf die Burgdorf, wenn sie sich den Unterricht der Schroeter zu Nutze machen würde, baute, war endlich geneigt, um die Frau zu behalten, den Mann mit zu engagiren. Man zeigte letztern dies an; doch nun zog Burgdorf gleich andere Saiten auf und stellte — vielleicht aufgemuntert durch Demoiselle Schroeter selbst, die die junge Frau wohl auch für sich einzunehmen gewußt — andere Bedingungen. Er schrieb an die Fürstl. Hoftheater-Commission:

„Mittwoch, den 3ten October 1798.

Ganz gehorsamstes Pro Memoria.

Nicht ohne Absicht äußerte ich in der gestrigen Vorstellung meine Beruhigung darüber, wenn ich bey der einmal stattfindenden Beschaffenheit des hiesigen Hoftheaters nicht grade gewünschte Rollen erhalten könnte: ich finde es nicht für überflüßig, bey der Furcht, daß ich dergleichen pretension dennoch machen möchte, hiermit gemessen zu wiederholen und mich anheischig zu machen, bis zur etwaigen Erledigung meines Faches gern mit dem was für mich übrig bleiben könnte, zufrieden zu seyn.

Ich habe zuviel Einsicht von der Wichtigkeit des

Grundſatzes, daß zu vieles Wechſeln dem Gange der
Darſtellung ſchadet; — Was kann ferner für ein Indi=
viduum unſerer Kunſt erwünſchter ſeyn, als auf mehrere
Jahre ein Brod geſichert zu erhalten, welches ſo ſehr von
Verhältniſſen, ſelbſt bey den größten Directionen ab=
hängt? — und laſſe mir alſo nebſt meiner Frau mit
Vergnügen die Vorſchläge der hieſigen Theater Direction
gefallen, bis Oſtern ſich hinlänglich von unſerer Branch=
barkeit zu überzeugen und alsdann auf drey Jahre zu
contrahiren, in ſo fern uns nur, im Falle dieſelbe dies
nicht ihrem Vortheil gemäß hielte, auf Weihnachten (alſo
ein Viertel Jahr vorher) aufgeſagt wird.

Dagegen muß ich in Hinſicht, daß es dabey auf Zu=
friedenheit für Jahre ankommt, ſo dreiſt ſeyn, nebſt mei=
ner Frau gehorſamſt um Erfüllung folgender Bitten
erſuchen.

1) Daß wir über die geſtern geäußerte Beſtimmung
von allenfalls 9 Reichsthlr. nicht beym Worte genom=
men, ſondern daß es bey den anfänglichen zehn Reichs=
thaler wöchentlich (exclus: des Garderobe Geldes) —
da dies immer die kleinſte Gage iſt, verbleibe.

2) Daß wenn die reſpective Direction es für gut
befinden ſollte, mit uns einen dreyjährigen Contrakt zu
ſchließen, wir zwey oder wenigſtens anderthalben Reichs=
thlr. wöchentliche Zulage erhalten. Und daß uns,

3) weil Anſchaffungen von Garderobe und manchen
Bedürfniſſen nothwendig iſt, ein Vorſchuß von acht

Louisd'or gegen Abzug von anderthalb Reichsthlr. wöchent=
lich accordirt werde.

Schließlich versprechen wir hiermit nochmals schrift=
lich daß, so wie wir uns wohl Beyde einiger Anlagen zu
Erreichung unserer einmal gewählten Bestimmung schmei=
cheln, es unser herzlichstes Bestreben seyn soll, bey dem
Glück einer beym Theater so seltenen ehrenvollen Aus=
sicht, sie nach möglichsten Kräften auszuarbeiten und uns
zu vervollkommnen.

Ludwig Burgdorf
Schauspieler. "

Auf dieses Promemoria, welches Burgdorf aller
Wahrscheinlichkeit nach persönlich dem Hof = Kammerrath
Kirms mit der Bitte um baldige Resolution übergab,
erfolgte indessen die Antwort nicht mit gewünschter Rasch=
heit; man wollte ihn wohl noch ein wenig hinhalten,
gefügiger machen. Da schrieb Burgdorf, das Letzte
wagend, rasch entschlossen folgendes Billet an Kirms,
dessen eigentlicher Inhalt lautete: Entweder das ver=
langte Engagement für ihn und seine Gattin, oder sofor=
tige Abreise Beider.

„Weimar, den 4. October 1798.
Wohlgeborner Herr!
Im Fall die gütige Verwendung Ew. Wohlgeboren
keine Wirkung gehabt und es bey der geänderten Bestim=
mung des Herrn Geheimeraths sein Bewenden behielte;

so muß ich angelegentlichst die Bitte wiederholen, mir dies
gefälligst noch heute insinuiren zu lassen. Meine Um=
stände erlauben durchaus nicht länger als bis zur mor=
genden Post mich aufs Gerathewohl hier aufhalten zu
können und man muß sich alsdann heute noch einschrei=
ben lassen. Mamsell S c h r o e t e r hat versprochen sich
für uns zu interessiren; ich bin begierig ob mit Erfolg.

> Ew. Wohlgeboren
>   ganz ergebenster Diener
>   B u r g d o r f. "

Das Billet, worin Kirms Goethe die Absicht Burg=
dorf's, den Stand der Sache mittheilt, gestattet uns einen
Blick in die Karten des Mitdirektors des Weimarer Hof=
theaters zu thun; es lautet:

„Hr. Burgdorf ist der Meinung er müße fort und
g e h e t A l l e s e i n , trennt sich aber von der Frau nicht.
Wenn Ew. Hochwohlgeboren diesen (beiliegenden) Con=
trakt, der nach Art der ältern — ein wenig
r u ß i s c h — abgefaßt ist, gontiren, so bitte ich denselben
auch dem Herrn von L u ck zu schicken.

Auf eine Zulage von Ostern an, dächte ich, sollte
man sich nicht einlassen, obgleich die Gage s e h r g e r i n g e
ist. Man könnte der Frau eher alsdann etwas schenken. "

Man sieht, daß das „Oekonomische" des Weimarer
Hoftheaters in den besten, gewandtesten Händen lag und
daß Kirms als Geschäftsmann genau so gescheidt war, wie

die geriebensten Theater-Direktoren seiner und auch unse-
rer Zeit. — Schade nur, daß die bisher so wohl geführte
Sache ein ganz anderes Ende nahm, als der praktische
Mann gedacht und erwartet.

Der erwähnte, „ein wenig russische Contrakt", eine
gewiß nicht unwichtige Urkunde aus der goldnen Zeit der
Weimarer Bühne, lautete wörtlich:

„Contrakt zwischen der zur Dirigirung des Hof Theaters allhier verordneten Commission und den Schauspielern Herrn und Madam Burgdorf.

1.

Herr und Madam Burgdorf engagiren sich von dato
an auf drey Jahre zum hiesigen Hof Theater.

2.

Madam Burgdorf verspricht, nicht nur als Schauspielerin, besonders im Fach der Liebhaberinnen, sondern
auch bey Opern nach ihren Kräften Dienste zu leisten;
Herr Burgdorf hingegen, da sein angebliches Fach der
jungen Chevaliers und Liebhaber jetzt besetzt ist, ohne
Pretension und ohne eine Unzufriedenheit zu bezeigen,
allenfalls Hülfs Rollen zu spielen. Beyde machen sich
hierdurch verbindlich, alle von der Direction denselben
zugetheilt werdende Rollen ohne Widerrede anzunehmen,
auch mit Fleiß, zu gehöriger Zeit und mit dem besten
Willen zu liefern, und in Stücken so wie bey Opern, gleich
andern Statisten zu machen.

3.

Beyde verbinden sich ferner allen von Seiten der Commission zum Besten des Theaters getroffen werden=den Einrichtungen und Entscheidungen sich ohne Wider=setzlichkeit zu unterziehen, mithin auch den Anordnungen der Regie und derjenigen Personen, denen besonders aus=wärts, die Dirigirung des Theaters übertragen wird, sich um so mehr zu fügen, als diese allein der Commis=sion verantwortlich sind.

Dagegen verspricht

4.

Die Theater=Commission denenselben die wöchentliche Gage von

Zehn Thalern Courant

und außer dem an Madam Burgdorf, welche alle ihre Theater=Kleider selbst sich anzuschaffen verspricht,

Einen Thaler

wöchentliches Garderobe=Geld, vom Tage ihres würklichen Engagements an, auszahlen zu lassen.

5.

Die Theater=Commission engagirt unter nachstehen=den zwey Einschränkungen ihrer Seits Herrn und Ma=dam Burgdorf auf gedachte drey Jahre daß

a) sie zur Festhaltung dieses Contrakts erstlich nach den Debüt Rollen sich verbindlich macht und

b) daß es ihr unbenommen seyn müße, nach vorgängi=ger einvierteljähriger Aufkündigung, den Herrn und Madam

Burgdorf binnen hier und den nächsten Ostern wieder zu entlassen, ohngeachtet beyde Letztern sich zu einem Engagement auf drey Jahre verbinden.

6.

Herr Burgdorf wird als Supernumerarius engagirt und gehet ohne Reservation die Bedingung ein, daß

a) wenn derselbe, wie ohnlängst geschehen sein soll, seine Frau thätlich mißhandeln sollte, er ipso facto mit Zurücklassung der Madam Burgdorf, seines Engagements beym hiesigen Theater entlassen seyn solle, ingleichen

b) ohne Widerrede es sich gefallen lassen wolle, daß im Fall es zur Kenntniß der Direction kommen werde, daß er mit seiner Frau in Uneinigkeit leben und sie dadurch an Bearbeitung und Einstudirung, sowie an der guten Exekutirung der ihr zugetheilten Rollen behindert werden sollte, seine Frau von ihm genommen, in ein anderes Quartier gebracht, die Gage unter Beyde getheilt und ihm aller weiterer Umgang mit derselben sogleich untersagt werden solle.

7.

Sollten Umstände eintreten (die doch die Vorsicht verhüten wolle) unter welchen die Gesellschaft des hiesigen Theaters in die Nothwendigkeit versetzt würde, zu spielen plötzlich aufhören zu müssen, so hebt natürlicher Weise sich dieser Contrakt von selbst. Die Theater=Commission

14*

verspricht aber in diesem Fall die Gage auf sechs Wochen, als eine Abfertigung der Gesellschaft auszahlen zu lassen.

8.

Sollte einem oder dem andern Theile dieser Con= trakt, nach dessen Ablauf zu continuiren nicht gefällig seyn, so muß dieses längstens drey Monate vorher ange= zeigt werden, widrigenfalls der Contrakt stillschweigend auf eben so lange Zeit erneuert und verlängert anzu= sehen ist.

9.

Herr und Madam Burgdorf verbinden sich, niemals eine von der Direction denselben zugetheilt werdende Rolle zurück zu senden, sondern sie jederzeit anzunehmen, gut zu memoriren und nach ihren Talenten und besten Kräften zu spielen und deutlich vorzutragen.

10.

Versprechen Beyde ohne Vorwissen der Direction, oder auswärts ohne Vorwissen der Regie, oder derjenigen Personen, welchen die Aufsicht über das Theater über= tragen seyn wird, niemals zu verreisen, ferner

11.

bey Vorstellungen und Proben, erstere mögen drey oder mehrmals wöchentlich geschehen, letztere aber frühe oder nach Mittag, oder zuweilen gar zwey an einem Tage zu halten für nöthig gefunden werden, ohne alle Ausflüchte, es wäre denn, daß wirkliche Krankheit das

Erscheinen ohnmöglich machen würde, zu angesagter Zeit sich einzufinden und dabey sich anständig zu betragen.

12.

Herr und Madam Burgdorf versprechen keine Handlungen zu begehen, wodurch die Ehre und der gute Nahme des Theaters und deßen Mitglieder insbesondere hintangesetzt werden: mithin versprechen sie auch, von den aufgeführt werdenden Stücken nicht nachtheilig zu sprechen; ferner

13.

die Theater-Garderobe-Stücke möglichst zu schonen, solche nach der Vorstellung wieder gehörig zu übergeben, und nicht mit nach Hause zu nehmen: auch ohne Verwilligung der Regie bey Wiederholung der Stücke die für diese oder jene Rolle einmal gewählten und eingeschriebenen Garderobe-Stücke, eigenmächtig nicht zu changiren.

14.

Damit aber diese Ordnung durch Niemand von der Gesellschaft gestöret werden möge, so erklären sich Herr und Madam Burgdorf, nach dem Inhalt anderer ähnlicher Contracte, sich gefallen zu laßen, daß bey einem Ihrer Seits vorkommenden Uebertretungsfall, der geschloßene Contract mit ihnen, als deßen Verletzern, sogleich ohne weitere Aufkündigung aufgehoben werde, wenn die Commißion sie nach Befinden mit Zwangsmitteln zur Beobachtung ihrer Schuldigkeit anhalten zu laßen sich nicht geneigt finden laßen sollte.

Urkundlich ist vorstehender wohl überlegter und ge=
schloßener Contrakt in zwey gleichlautenden Exemplarien
abgefaßt, von den Contrahenten unterschrieben und einem
jeden der contrahirenden Theile ein Exemplar davon ein=
gehändigt und zugefertigt worden.

So geschehen Weimar, den — October 1798.

F. S. z. Dirigirung des Hof Theaters gnädigst ver=
ordnete Commiſſion. "

————————

Alſo der Contrakt, deſſen Paragraph 5 Goethe (nach=
dem er zuerſt einige Korrekturen damit vorgenommen)
indeſſen ſtrich, wahrſcheinlich weil die übrigen Paragra=
phen genug Anhaltspunkte für eine augenblickliche Kün=
digung und raſche Entlaſſung boten.

Man ſcheint aber dennoch von einem wirklichen for=
mellen Kontrakt vorläufig abgeſehen, dafür aber die bei=
den Burgdorf ſtillſchweigend, mündlich, jedoch mit poſi=
tiver ſechswöchentlicher Kündigung, engagirt zu haben,
wobei Madam Burgdorf zugleich hatte verſprechen müſſen
ſich dem Unterricht der Demoiſelle Schroeter, der Lehre=
rin der verſtorbenen Becker, zu unterziehen, welcher
Unterricht denn auch ſogleich begonnen hatte.

So war alles ſcheinbar in Ordnung und auf dem
beſten Wege zu dem von beiden Seiten gewünſchten Ziele.
Da geſchah plötzlich abermals etwas, was alles bisher ſo

mühsam Erreichte wieder in Frage stellte, alle schönen
Hoffnungen zu zerstören drohte.

Eine neue gewaltsame Scene fand zwischen beiden
Gatten statt (die Ursache vermag ich nicht anzugeben,
ebensowenig den eigentlichen Thatbestand, da darüber
jeder urkundliche Anhaltspunkt fehlt), und diesmal in
voller Oeffentlichkeit, denn die ganze Stadt sprach davon,
wie es in dem folgenden Billet heißt. Dieser neue
Skandal hatte zur Folge, daß beide Burgdorf augenblick=
lich gekündigt und angewiesen wurden, nach sechs Wochen
das Hoftheater zu verlassen. Das Herrn Burgdorf solches
anzeigende Billet Kirms' lautete:

„Weimar, den 8. October 1798.

Der Herr Geheime Rath von Goethe kann sich durch=
aus nicht entschließen, Sie nach dem Auftritt gegen Ihre
Frau, wovon die ganze Stadt spricht, auftreten zu lassen.
Das sechswöchentliche Engagement wird man Ihnen hal=
ten, und Ihre Frau während dieser Zeit spielen lassen,
dann können Sie aber zusammen ziehen, wohin Sie wol=
len. Was man für Sie, oder vielmehr für Ihre Frau
thun wollte war gut gemeint und geschahe auf Verwen=
dung der Frau von Bechtoldsheim, denn unser Theater
ist besetzt und für Sie besonders kein Fach leer. Ich
verbitte mir alle mündliche Unterredungen und erwarte
daß, wenn Sie während den sechs Wochen etwas anzu-
bringen haben sollten, Sie es schriftlich an die Commis=
sion des Theaters thun mögen.   Kirms."

— Hier ist nun eine große Lücke in den Urkunden, denn die nächste ist vom folgenden 29. November. Ein späterer Vorfall jedoch gab dem Hofkammerrath Kirms Veranlassung, die ganzen Unterhandlungen zwischen dem Theater und den beiden Burgdorf kurz niederzuschreiben. Da diese „Species facti" an betreffender Stelle nur eine Wiederholung der urkundlichen Darstellung sein würden, sie aber die oben bezeichnete Lücke auszufüllen vermögen, so will ich das daraus Nöthige hier mittheilen, und beginne mit der Stelle, die die Abschließung des oben angedeuteten, wohl mündlichen Kontraktes behandelt.

„— Madam Burgdorf versprach sich dem Unterricht der Demoiselle Schröter zu unterziehen, und bey dieser Voraussetzung wurden Beyde, ohngeachtet für Herrn Burgdorf kein Fach erledigt war, für 10 Rchsthlr. wöchentlich auf sechswöchentliche Aufkündigung engagirt. Daß Hr. und Mad. Burgdorf auf sechswöchentliche Aufkündigung engagirt waren, bezeugt die beyliegende Abschrift eines Billets vom 8ten October (das zuletzt mitgetheilte), welches mitunterzeichneter Hofkammerrath Kirms nach einem bekannten Vorfalle an Herrn Burgdorf erlassen und dessen und seiner Frauen Abgang von dem hiesigen Theater nach Verlauf von sechs Wochen ankündigen mußte.

Madam Burgdorf bat hierauf inständigst, daß man sie für ihre Person nicht verabschieden möchte, weil sie schwanger und dabey kränklich, auch von allen Nothdürf-

tigkeiten entblößt sey, um mit ihrem Manne zu einem
andern Theater reisen zu können. Hr. Burgdorf erklärte
sich hingegen schriftlich: er wolle ohne seine Frau nach
anderm Engagement reisen und reversirte sich, daß er
seine Frau nicht hindern wolle, mit dem hiesigen Theater
einen ordentlichen Contrakt einzugehen und versprach, sie
während ihres hiesigen Engagements auf keine Weise zu
stören.

Von Seiten der Fürstl. Theater=Commission wurde
in Rücksicht auf die kränklichen Umstände der Madam
Burgdorf zu erkennen gegeben, daß man sie ohne ihren
Mann noch länger für sechs Reichsthlr. wöchentlich behal=
ten wolle, Madam Burgdorf versprach hingegen ihrerseits
sich dem Unterricht der Demoiselle Schroeter zu unter=
ziehen und wenn sie gefallen würde, keine höhere Gage
zu verlangen, auch wegen der dem Theater bereits verur=
sachten vielen Unkosten alsdann auf drey Jahre sich zu
verbinden.

Madam Burgdorf überließ sich nun anfänglich ganz
der Leitung der Demoiselle Schroeter, ging mit derselben
die von ihr zu ihrem Debüt gewählte Rolle der Afanasia
in Benjowsky durch, wurde aber durch eine frühzeitige
Niederkunft an ihrem Debüt gehindert.

Es erfolgte endlich das Debüt (am 7. November
1798: Afanasia in Graf Benjowsky). Madam Burg=
dorf merkte bald, daß sie dieser Rolle nicht gewachsen
sey, wollte sich durch g e i s t i g e G e t r ä n k e encouragi-

ren, verlor alle Tendenz des Charakters und fiel gänz=
lich durch.

Eine jede andere Direction würde ihr sogleich auf=
gekündigt haben: allein man hatte mit ihrer Kränklich=
keit Mitleiden, wollte sie wieder zur völligen Gesundheit
kommen lassen und versuchen, ob sie in einer kleinen Rolle
mit dem Publikum wieder ausgesöhnet werden könne.

Da Madam Burgdorf der Demoiselle Schroeter,
ohngeachtet deren bewiesener Theilnahme an ihrem Schick=
sal, nach ihrem Debüt geschrieben, daß sie Schauspielerin
sey und ihre nächste Rolle sich selbst einstudi=
ren wolle, und dieses zur Wissenschaft des Publikums
gekommen war, sie auch die zweyte Rolle wohl gut sprach,
aber dabey nicht die praetendirte Schauspielerin verrieth
und mancherley Nachrichten von dem sittlichen vorherigen
Benehmen derselben zu ihrem Nachtheil sich verbreiteten,
so zeigte sich eine allgemeine Abneigung gegen deren fer=
nere Beybehaltung. Der Hof gab aber gar der Theater=
Commission zu erkennen, daß Madam Burgdorf nie wie=
der auftreten möchte."

So weit die Aufzeichnungen Kirms'.

Aus denselben erfahren wir, daß nach dem erwähn=
ten skandalösen Vorfall Burgdorf genöthigt worden war,
mit Rücklassung seiner Frau, Weimar zu verlassen, fer=
ner daß man, den unbrauchbaren Mann einmal los, mit
der Frau einen weitern Vertrag, doch auch nur mündlich,
abgeschlossen. Burgdorf hinterließ sogar einen schrift=

lichen Revers, worin er sich verpflichtete, seine Frau un=
gestört während der drei Jahre in Weimar zu lassen,
welche Schrift bei den Gerichten deponirt wurde.

Das erste Debüt der Frau Burgdorf mißglückte; sie
gab ihrer Lehrerin Corona Schroeter die Schuld und
sagte sich ziemlich brutal von derselben los. Ein zweiter
Versuch, eine kleine Rolle in „einem kalt aufgenommenen
Stücke", mißglückte ebenfalls und ihr Schicksal, ihre Ent=
lassung war beschlossen.

Wohl nur kurze Zeit nach diesem abermals verun=
glückten Auftreten schreibt sie folgenden Brief an Kirms,
die nächste der vorhandenen und vorliegenden Urkunden.

„Weimar, den 29. November 1798.

Hochzuehrender Herr Hof Kammer Rath!

Ich hoffe daß diese Zeilen Sie bey vollkommenem Wohl=
seyn antreffen werden — Gewiß wünsche ich es von Herzen.
Der Zweck dieses Schreibens ist Erhörung meiner schon
so oft wiederholten Bitte zu finden — nemlich Bezahlung
meiner ausstehenden Schulden. Ich bin schon verschie=
dentlich gemahnt worden und das ist sehr bitter für mein
Ehrgefühl. Ich bitte Sie flehentlich bester, lieber Mann!
machen Sie diesem Ungemach ein Ende — ich gräme,
quäle mich sonst todt — und da müßten Sie mich am
Ende begraben lassen — das wäre doch noch ärger als
wenn Sie jetzt bey meinen Lebzeiten Ihre milde Hand
aufthun, da ich es noch wieder einbringen kann.

Zum zweyten ersuche ich Sie, mir die Erlaubniß zu ertheilen fürs erste Mal daß ich wieder auftrete mir eine Rolle wählen zu dürfen. Dieses Begehren ist nicht un= billig, da ich noch Debüt=Rollen zu Gute habe — die erste ist gar nicht zu rechnen — und das Publikum hat mich ja wider Erwarten sehr gut aufgenommen.

Zum dritten wünschte ich da es scheint der „Tele= mach" bleibe liegen (ob ich gleich schon viel an meiner Rolle gethan habe), daß mir zur ersten Opern=Rolle der Joseph in die Savoyarden zu Theil würde. Ich mache selbst die Bedingung, daß wenn ich in der ersten General= Probe nicht gefalle, ich sogleich von meinem Begehren abstehen will — damit ich dem Publikum mein weniges Talent im Singen produziren könne, und mir für die Zukunft die Aussicht eröffne dieses Talent nutzen und ausbilden zu können — welches sowohl für die Direction wie auch für meine Wenigkeit von wesentlichem Vortheil seyn würde.

Ich empfehle den guten Erfolg dieser Bitten der Güte meines schätzbaren Freundes und nenne mich hoch= achtungsvoll

Dero ergebenste Dienerin
Minna Burgdorf."

Die Antwort auf dieses Schreiben ist in dem Schluß der Kirms'schen „Species facti" enthalten, und reiht sich an das oben daraus Mitgetheilte an.

„— Madam Burgdorf war mit sechswöchentlicher
Aufkündigung Anfangs engagirt, auch mit ihr, als ihr
erstes Debüt mißlang, kein förmlicher Contrakt auf län=
gere Zeit geschlossen worden, daher derselben angedeutet
wurde, daß sie nicht wieder auftreten könne,
sondern nach sechs Wochen abgehen müße,
wobey ihr zu erkennen gegeben wurde, daß sie an diesem
mißlungenen Engagement selbst Schuld sey; daß sie
nichts verliere, denn sie sey wieder gesund und habe mehr
als sie mit hieher gebracht, dagegen die Theater=Casse
seit dem Monat September ihre Gage vergeblich gezahlt
und überdies die Auslösung für sie und ihren Mann zu
seinem weitern Fortkommen vergeblich aufgewendet und
ihr außerdem einen Vorschuß von 10 Rchsthlr. bey ihrem
Wochenbett, und dann 39 Rchsthlr. zur Anschaffung
ihrer höchstnothwendigen Bedürfnisse an Hemden, Strüm=
pfen und Schuhen und andern Kleidungsstücken zugestan=
den habe, der ihr bey ihrem Abgange erlassen seyn solle. "
(Dies der Inhalt der Antwort Kirms' auf das letzte mit=
getheilte Schreiben der Burgdorf.)

„Hierauf machte Madam Burgdorf unterm (15. De=
zember) eine Vorstellung an den Herrn Geheimen Rath
von Goethe und bat unter Aufführung mancherley
Gründe, daß sie doch wenigstens bis Ostern (1799) bey=
behalten werden möchte, welches ihr unterm (22. Dezem=
ber 1798) bewilliget wurde. "

Dies der Schluß der Darlegung des Thatbestandes
durch Kirms.

Die oben erwähnte Vorstellung der Burgdorf vom
15. December an Goethe, ebenfalls ein merkwürdiges
und inhaltreiches Aktenstück, lautet:

„Weimar, den 15. Dezember 1798.

Hochwohlgeborner Herr!

Hochzuverehrender Herr Geheime Rath!

Auf die Versicherung daß mir das Glück schwerlich
werden könne Ew. Excellenz zu sprechen, da Ihnen jede
mündliche Unterredung mit Schauspielern, Theater = Ver=
hältnisse angehend, unangenehm sey, habe ich gewagt die=
sen Vortrag schriftlich abzufassen, denn ich bin mißtrauisch
auf das Glück geworden, daß mich ganz verlassen zu
haben scheint.

Meine Klagen, meine Bitten, zu denen ich mich durch
meine Lage berufen fühle, sollen auch hier die Gerechtig=
keitsliebe Ew. Excellenz nicht beugen, von der ich allein
die Entscheidung meines Schicksals erwarte; und ich
betheure daß ich zu jeder Aufopferung bereit bin, und
willig jedem nur erträglichen Ungemach entgegen zu gehen,
um das peinliche, beschämende Gefühl zu tilgen, unver=
diente Gage nehmen zu müssen, und den Calcul des
Theaters durch eine lästige Ausgabe zu hemmen, denn ein
höherer Wille steht meinem Bestreben, mich mit dem Ur=

theile von Ew. Excellenz und dem Publike auszusöhnen,
feindlich entgegen.

Unter lastendem Kummer gebeugt kam ich hieher,
die gütigste Aufnahme versprach mir hier Ruhe, Zufrie=
denheit, und eine freundliche Freystätte; meine abgelegte
Probe erwarb mir Ew. Excellenz Zufriedenheit, ich erhielt
den Antrag eines Engagements.

Die Nothwendigkeit mich von meinem Manne tren=
nen zu müssen, der das Verdienst meine unerfahrne Ju=
gend zu leiten durch eine erniedrigende Behandlung zer=
nichtete, konnte meinem Herzen lange keinen bestimmten
Entschluß abgewinnen; endlich besiegte die Güte des
Herrn Hof=Kammerraths Kirms jede Bedenklichkeit durch
die Aussicht mir neue und bessere Freunde zu erwerben,
durch wiederholte Aufforderungen mich, des Schutzes der
Gesetze zur Trennung von meinem Manne und eines
langen guten Engagements zu sichern.

Neue Hoffnungen hatten meinem Gefühl neue Rich=
tungen gegeben. Der Herr Hof Kammer Rath forderte
hierauf Namens einer hohen Ober Direction gegen die
Bitte meines Mannes mich durch einen kürzern Contrakt
nur bis Ostern zu verbinden, mein Wort, und die Zu=
sage meiner Unterschrift sobald der Contrakt ausgefertigt
sey, für drey Jahre, und Burgdorf mußte — einen
schriftlichen Revers geben mich: binnen den drey Jahren
ungestört in meiner eingegangenen Verbindung zu lassen,
der bey den Gerichten niedergelegt worden.

Man übergab die Leitung meiner Studien der
Demoisell Schroeter, die ich ehre. Mein eigenes Urtheil
schwieg unter dem Zepter einer fremden, anerkannt guten
Autorität. Der Ausdruck meines Gefühls trug nun das
Gepräge eines erborgten Stempels, meine Deklamation
die Fesseln eines ungewohnten Rythmus, selbst mein sonst
nicht unangenehmes Organ ertönte in einer ungewohn=
ten Tonleiter. Ich war, meiner Natur ungetreu, eine
von fremder Eingebung bewegte Maschine.

Sey es, daß die Größe der angegebenen Darstellungs=
Art zu schwer für meine jugendlichen Schultern war, der
Geist der Angabe zu leicht und verflüchtigt, mich seiner
sogleich zu bemeistern, genug ich mißfiel als ich mich in
dieser ungewohnten Sphäre versuchte, und mein Fall war
entschieden.

Die von Ew. Excellenz Hand verewigte Euphro=
syne, durch die Bildung der Demoisell Schroeter zum
Liebling des Publikums erzogen, schien selbst für mich zu
beweisen: sie genoß diesen Unterricht von ihrer frühesten
Jugend an, war ganz das Werk ihrer Hände. Der zarte
Stoff der Kindheit ist jedes Eindrucks fähig, und der
nachahmende Geist des Kindes schmiegt sich gefügiger in
die Falten der schulgerechten Manier seines Musters, wo
das gebildete Wesen mehr allgemeine Regel, Rath,
oft nur markirte Fingerzeige, kurz Selbstüberzeu=
gung fordert um sein Ziel zu erreichen.

Die Aussicht, die Gunst der Zuschauer in kleinern

Rollen wieder zu gewinnen, die Ew. Excellenz gütige Zu=
schrift mir öffnete, und die einer Ankündigung meines
Engagements nicht ähnlich sieht, meine letzte Hoffnung,
mich so einstweilen für mein erweitertes Rollenfach geschickt
zu machen, verschwindet nun, da man Anstand nimmt
mich, die zum Einstudiren gegebene Rolle der Friederike
in den Jägern spielen zu lassen, ob ich gleich in der un=
bedeutenden Rolle eines kalt aufgenommenen Stückes
(zweytes Auftreten) die einzige war, die man um meine
gebeugte Seele durch Nachsicht wieder aufzurichten mit
lauten Beifallszeichen ehrte.

Mein Unglück macht einen Riesenschritt. Ein zwey=
ter (weiterer) Versuch, meine gesunkene Ehre zu retten
wird verworfen, ohngeachtet meines Anerbietens in einer
nochmaligen Hauptprobe mich der Prüfung und dem Aus=
spruch von Ew. Excellenz über meine Fähigkeit fürs Lieb=
haberinnenfach unbedingt zu unterwerfen, und der Herr
Hof = Kammer = Rath will die mir gegebene Zusage des
Engagements ganz zurücknehmen.

Ich fühle die Wichtigkeit des Grundes daß mein
Talent nicht hinreiche die Bedingungen eines hiesigen
Engagements schon jetzt zu erfüllen; allein eben darum
bin ich nicht stark genug dem heiligen Anker in diesem
Sturme, dem gegebenen Worte von Ew. Excellenz frey=
willig zu entsagen; meinen besten Willen für die Zukunft
und die angestrengteste Thätigkeit darf ich verbürgen.

Ohne Geld in einer rauhen feindlichen Jahreszeit,

mit erdrücktem Geiste, und schwächlichem Körper, welche
Bühne wird nicht anstehen mich aufzunehmen, da mein
Credit durch die plötzliche Entlassung von hier öffentlich
niedergestürzt wird? Welchem Theater wird mein Unfall
unbekannt bleiben? Zu wem soll ich meine Zuflucht neh=
men? — Kann ich dem Rathe des Herrn Hof=Kammer=
Raths folgen und mich einem beleidigten Manne wieder
in die Arme werfen, der zu öffentlicher Rüge in Theater=
Journalen an mir sich doch vermaß; der mich für die
Ursache der harten Behandlung hält, die er hier erfuhr,
und mir nun, da er mich ohne mächtigen Schutz weiß,
ohne Schonung sein unbeugsames Herz ganz verschließt?

Wie soll ich meine Gläubiger befriedigen und Noten
berichtigen die meine neu eingegangene Verbindlichkeit
veranlaßt haben, und worin mich der Herr Hof=Kammer=
Rath auf die mir bestimmten vierteljährigen Garderobe=
Gelder und beträchtlichen Vorschuß zu rechnen ange=
wiesen? —

Wo soll ich Hülfe gegen den Drang dieser Umstände
finden, wenn es die Großmuth Ew. Excellenz nicht ist,
die ich in Anspruch nehmen darf? —

Gönnen Sie mir würdiger Mann! die Stelle am
hiesigen Theater nur so lange bis ich mir eine andere
annehmliche Aussicht eröffnet habe, oder bis ich, versöhnt
mit meinen Familien=Verhältnissen, einer ruhigen Zu=
kunft entgegen reisen kann, sey es unter jeder Ihrem
anerkannt edlen Charakter entsprechender Einschränkung.

Ich werde alle Mittel aufbieten daß dieses bald geschehe. Erlauben Sie mir in einer guten Rolle eines neuen Stückes, den letzten Versuch, meine hohe Direction zu überzeugen ob ich noch im Stande bin eine bedeutende Rolle zu spielen ohne sie zu verderben! Gewähren Sie mir den Genuß meiner Garderobegelder dieses Quartals und den Rest des mir versprochenen Vorschusses (welcher in den von der Demoiselle Schroeter zurückgegebenen drey= zehn Reichsthaler besteht), zur Befriedigung meiner Cre= ditoren. Wenn aber unabänderlich über meine Entfer= nung abgesprochen ist, wenn ich resigniren muß, nicht nur auf jede glänzende Hoffnung die man mir gemacht, sogar auf eine ruhige Freistätte, so bestimmen mir Ew. Excel= lenz gnädigst eine der gegebenen Zusage, meiner Engage= ments=Zeit gemäße Summe die mich über die Bedürf= nisse des Lebens beruhige, bis ich bey einem entfernten Theater Aufnahme gefunden habe.

Die Welt ist gewöhnt Sie groß handeln zu sehen und ich errichte Ihrer Milde in meinem Herzen ein blei= bendes Denkmal.

Die ich zeitlebens mit der innigsten Verehrung dank= bar verharre

Ew. Excellenz ganz ergebene Dienerin
Minna Burgdorf."

Die von Kirms ebenfalls früher erwähnte Resolution Goethe's auf obiges Schreiben lautete:

15*

„An Madam Burgdorf.

Da Madam Burgdorf selbst erklärt daß sie sobald als möglich sich von hier wegzubegeben und anderwärts ihr Unterkommen zu suchen wünsche, so will man es von Seiten fürstlicher Commission hierbei bewenden lassen und annehmen, und derselben allenfalls bis Ostern nachsehen, oder wenn sie sich früher hinwegbegeben sollte, ein verhältnißmäßiges Quantum zugestehen.

Weimar, am 22. Dezember 1798.‟

Goethe, der sich um diese Zeit in theatralischen Angelegenheiten stark mit der Einstudirung der Piccolomini und Wallensteins Tod (das Lager war zur Eröffnung des von Thouret neuhergerichteten Hauses am verflossenen 12. Oktober aufgeführt worden), auch mit dem Gedanken eifrigst beschäftigte, im Verein mit Schiller ältere gute deutsche Stücke umzuändern, „den deutschen Theatern den Grund zu einem soliden Repertorium zu legen‟, muß diese ganze Burgdorf'sche Angelegenheit höchst unangenehm und lästig gewesen sein. Er ergriff also gerne die Gelegenheit, die Frau, wenn auch mit einem weitern Opfer, los zu werden. Er mag dabei wohl oft an die Richtigkeit seines ersten Urtheils über dieses Engagement, ausgesprochen in seinem früher mitgetheilten Briefe vom vergangenen 19. September, gedacht haben, wohl auch zugleich bereuend, nicht demnach gehandelt zu haben. Doch die Sache war einmal so weit gediehen, und es galt nunmehr sich der hübschen

doch unbrauchbaren Frau so billigen Kaufs und so rasch
als nur möglich zu entledigen. Frau Burgdorf jedoch
war durchaus nicht dieser Meinung. Kaum sah sie, daß
man ihr Koncessionen zu machen geneigt war, als sie
glaubte ein Recht zu haben bedeutend mehr verlangen
zu dürfen. Aufs Neue bestürmte sie nun Goethe mit
Forderungen, die schon ganz anders und recht bestimmt
und keck lauteten. Als Antwort auf obige Resolution
schrieb sie Demselben:

„Weimar, den 29. Dezember 1798.

Hochwohlgeborner Herr!

Hochzuverehrender Herr Geheime Rath.

Ew. Excellenz sind zu gnädig und gerecht als mir
nicht zu erlauben meine Besorgniß, gegen den mir unterm
23ten dieses Monats bekannt gemachten Entschluß der
Fürstl. Theater=Commission, erkennen geben zu dürfen.

Jene meine Erklärung, von meinem Engagement ab=
zugehen, geschah blos bedingungsweise, nemlich wenn sich
eine andere annehmliche Aussicht eröffnete, oder bis sich
meine Familien=Verhältnisse geändert haben würden.

Da sich nun beide von Umständen abhängende Bedin=
gungen nicht wohl auf einen gewissen Zeitraum einschrän=
ken lassen, so würde ich selbst gegen die Pflicht, welche ich
mir in meiner jetzigen Lage, getrennt von meinem Manne,
den ich auf die Zeit meines Engagements, von allen Ver=
bindlichkeiten, so ich außerdem von ihm verlangen könnte,
losgeben mußte, schuldig bin, gehandelt zu haben, wenn

ich meinen Contrakt so unbestimmt aufgesagt, wenn ich
mich, einem bloßen Ohngefähr überlaßen, von hier weg=
begeben sollte.

Ew. Excellenz Gerechtigkeitsliebe ist mir das theure
Unterpfand und macht es mir zur Gewißheit, daß mei=
nem eingegangenen Contrakte, jene Bedingungen die sich
jedoch auf keine bestimmte Zeit bestimmen laßen, sondern
die blos von nicht zum Voraus zu sehenden und zu berech=
nenden Umständen abhängen, beygefügt werden, weil ich
mich außerdem auf das mir theure und heilige Versprechen
bey meinem Engagement allein verlaßen und dabey
stehen bleiben müßte.

Dieser Bitte füge ich noch folgende bey, mir durch
Mittheilung einer Rolle in einem guten Stück Gelegen=
heit zu verschaffen, meine eigenen Talente zeigen zu kön=
nen, und bey erträglichern Gesundheits = Umständen, mit
dem Publike, durch Anstrengung meiner äußersten Kräfte
wieder auszusöhnen.

Wie könnte dieses ohnmöglich seyn, da selbst Ew.
Excellenz der erste Kenner und Kunstrichter meine ab=
gelegten Proben eines huldreichen Beyfalls würdigten und
diese mir mein jetziges Engagement verschafften.

Ich getröste mich um so mehr gnädiger Erhöhrung,
da selbst jeder Schauspieler der sich auf Debüt engagirt,
wie doch bey mir der Fall nicht ist, drey Rollen die er
selbst wählen kann spielen darf und alsdann erst das
Schicksal über ihn entscheidet.

Auch ersuche ich Ew. Excellenz nochmals dringend und unterthänigst mir die in meinem letzten Schreiben erbetene Summe zur Befriedigung meiner Creditoren gnädigst baldmöglichst zu verwilligen — weil sie mich deshalb tagtäglich überlaufen — nemlich den Rest des Vorschußes und mein Garderobe = Geld von diesem Quartal.

Die ich lebenslang verharre

Ew. Excellenz ganz ergebenste Dienerin

Minna Charlotte Burgdorf."

Auf diesen Brief erhielt Madam Burgdorf von der opferbereitwilligen Fürstl. Theater = Kommission folgendes kategorisch abgefaßte Schreiben, dem noch die bereits früher mitgetheilten, von Kirms aufgesetzten „Species facti" beilagen.

„Weimar, den 3. Januar 1799.

Die Schauspielerin Madam Burgdorf allhier hat aus der Beylage zu ersehen, daß sie mit ihrem Manne mit sechswöchentlicher Aufkündigung beym hiesigen Theater engagirt worden; daß, da ihnen beyderseits am 8ten October angekündigt worden, nach sechs Wochen abgehen zu müßen und sie um fernere Beybehaltung auch ohne ihren Mann, geziemend gebeten, sie unter dieser Bedingung tacite bis zu Ablegung ihres Debüts beybehalten worden, nach ihrem Debüt aber von Schließung eines schriftlichen Contraktes noch weniger die Rede gewesen,

ob sie gleich vorher zu erkennen gegeben, daß sie auf die=
sen Fall sich auf drey Jahre engagiren zu wollen ver=
bindlich machen wolle.

Da Madam Burgdorf die Rolle einer ersten Lieb=
haberin beym hiesigen Theater nicht behaupten kann,
auch die Bedingung unter welcher sie anfänglich engagirt
wurde, sich zu dieser Stelle durch den Unterricht der Dem.
Schroeter noch mehr qualifiziren zu wollen, nicht erfüllt
und diesen Unterricht in der Folge der Zeit abgewiesen
hat, der Hof und das Publikum eine Abneigung bezeug=
ten gegen deren fernere Beybehaltung, so wurde dersel=
ben vor Kurzem angekündigt, daß nach sechs Wochen ihr
Engagement zu Ende, dabey aber der Vorschuß von 10
und 39 Rchsthlr. erlaßen seyn solle.

Auf die von ermeldeter Burgdorf unterm (15. De=
zember) hierauf erfolgte Vorstellung, daß sie wenigstens
bis Ostern beybehalten werden möge, ist zwar derselben
unterm (22. Dezember) nachgelaßen werden daß man
ihr über die sechs Wochen von Zeit der Aufkündigung
noch einige Nachsicht gestatten werde. Da sie aber unterm
(29. Dezember) neue Anforderungen auf anderweites
Spielen und auf längere Contraktzeit gemacht, so glaubt
man alles mögliche zu thun, wenn man deren Abgang
anstatt nach sechs Wochen, zu Ostern bestimmt, und ihr
die Gage anstatt von Woche zu Woche, unter der Bedin=
gung daß sie davon ihre Schulden bezahlen und mit dem

übrigen sobald als möglich ihre Abreise antreten solle,
auszahlen laßen wird. Wonach sich dieselbe zu achten hat.

Fürstl. Theater=Commission. "

Etwa zu derselben Zeit empfing Goethe ganz uner=
wartet das folgende Schreiben von dem bis jetzt so ziem=
lich verschollen gebliebenen Burgdorf, welches nicht allein
ziemliche Aufklärung über sein Verhältniß zu der hart=
näckigen und gefährlichen Schauspielerin verbreitete, son=
dern auch zugleich der Fürstl. Theater=Kommission hin=
längliche Waffen gegen dieselbe in die Hand gab, welche
besonders Kirms in der Folge gar wohl zu benutzen und
zu gebrauchen verstand.

Besagtes, an Goethe gerichtetes Schreiben lautete:

„Rittergut Lemnitz in der Gegend von Magde=
burg, am 1. Jenner 1799.

Hochwohlgeborner
Hochzuverehrender Herr Geheimde=Rath!

So ungern ich mich entschließe Ew. Hochwohlgeboren
mit Vorfällen zu behelligen, die schon Unannehmlichkeiten
genug zur Folge gehabt haben, so zwingt mich doch die
Erfahrung dazu, daß es besser gewesen wäre, sogleich vor
den rechten Richter zu gehen.

Ew. Hochwohlgeboren erlauben also, daß ich zuvör=
derst so dreist seyn darf, Sie auf meine Verhältnisse mit
der, bey dem Ihrer Intendance untergeordnetem Thea=

ter, unter meinem Namen engagirten Schauspielerin
zurückzuführen.

Wir wünschten vor einiger Zeit zusammen Engagement, worauf man durch einen Vorfall der aus meiner
Hitze entstand, veranlaßt ward, blos meine Frau anzunehmen, wobey mir nur die Wahl blieb zwischen Aussicht
zum kärglichen Umherreisen nach Engagement, oder einer
kurzen Trennung von meiner Frau, die ich ohngeachtet
meiner bewiesenen Hitze innigst liebe.

Nicht unwesentlich bestimmten mich frühere Erfahrungen in einem, meinem jetzigen sehr verschiedenen Stande,
von der Gnade Sr. Hochfürstl. Durchlaucht und die aus
Ihren Schriften unverkennbare Güte und Weltkenntniß
Ew. Hochwohlgeboren; ich glaubte mich darauf verlaßen
zu können daß meine Geliebte sich keinen bessern Aufenthalt wünschen würde, daß die Verhältnisse unserer Ver-
einigung nie bekannt werden und sie also auf Jedermanns
Achtung rechnen könnte.

Jetzt aber erfahre ich daß man durch Indiscretion
der Wenigen, denen ich es freywillig gesagt habe, genau
weiß, daß sie nicht meine angetraute Frau ist,
und daß das arme Weib davon viel leiden muß. Ich
bin so glücklich gewesen vortheilhaften Aufenthalt für uns
Beyde zu erhalten, weiß daß sie in Weimar durchaus
nicht gefällt, welches bey diesen Verhältnissen und bey
dem Fache dem man sie widmen will, natürlich ist, und
wage demnach, jenen Meynungen von Ew. Hochwohl-

geboren Güte gemäß, Sie angelegentlichst und herzlichst
anzuflehen, sich unserer Wiedervereinigung nicht länger zu
widersetzen und sie mir wieder zu überlaßen, wo ich sie
alsdann mit offenen Armen aufnehmen und recht glück=
lich mit ihr leben will.

Im Fall jedoch meinen Wünschen nicht entsprochen
werden und der jetzt ohnmöglich herbeyzuschaffende Vor=
schuß nicht erlassen werden kann, so bin ich gezwungen
meine Geliebte mit sehr wehmüthigen Empfindungen
ihrem Schicksal zu überlassen. Unterdeß erfordern zukünf=
tig mögliche Verhältnisse alsdann durchaus auf Aende=
rung ihres Namens zu dringen. Wir sind erweißlich
nicht verheirathet und ich muß dies alsdann aus Pflicht
für mein eigenes Wohl in öffentlichen Blättern bekannt
machen.

Vielleicht werden Ew. Hochwohlgeboren diesen Ent=
schluß weniger mißbilligen, wenn ich hinzusetze, wie es
durch jene Vorfälle um meine Zufriedenheit bey jedem
Theater dieser Gegend gethan ist; wie ich jüngst selbst
deutlich mit habe anhören müßen, daß ein reisender Tag=
werks=Schauspieler bey seiner Ankunft bey einer Direc=
tion nichts angelegentlicheres zu thun hatte, als weitläu=
fig mit meiner Geschichte zu debütiren und dabey hinzu=
zusetzen, meine sogenannte Frau würde wie eine Sclavin
gehalten, dürfe ohne Erlaubniß nicht ausgehen, erhielte
keinen Pfennig Geld in die Hände u. s. w. — und daß

folglich ein hoher Grad von Selbst-Verläugnung dazu
gehören muß, die Sache auf dem alten Fuß zu lassen.

Mit tiefer Ehrfurcht unterzeichne mich als

Ew. Hochwohlgeboren gehorsamster Diener
Ludwig von Wedell, genannt
Burgdorf."

Daß dieser Brief Goethe und auch Kirms nicht wenig
überraschte und auch sehr gelegen kam, läßt sich denken.
Kirms muß sogleich den Auftrag erhalten haben, beja=
hend an Herrn v. Wedell=Burgdorf zu schreiben, oder
schreiben zu lassen, was denn auch geschah. Doch wäh=
rend dies vorging, entwarf Madam Burgdorf, die durch=
aus keine Ahnung von dem Schritt und den Gesinnungen
ihres Mannes hatte, eine neue Schrift an Goethe, worin
sie nicht allein eine mündlich gemachte Zusage zurück=
nahm, sondern neue Prätensionen sogar mit Drohungen
durchzusetzen suchte. Sie schrieb:

„Weimar, den 6ten Januar 1799.
Ew. Hochwohlgeboren

gnädigen Willen, welchen
Herr Becker auf hohen Befehl mir bekannt gemacht,
würde ich mit der größten Willfährigkeit erfüllen, wenn
nicht augenscheinlich mein Wohl, vielleicht das ganze
Glück meines Lebens darunter litte.

Ew. Excellenz haben zuviel Einsicht, zu viel Liebe zur
Gerechtigkeit und Billigkeit um offenbar dagegen handeln

zu wollen, um allein den kalten Gründen der Politik, nicht auch den Gefühlen, den sanftern Gefühlen Ihres edlen, großen Herzens zu folgen. O laßen Sie es mich noch einmal versuchen, Worte der Wahrheit an dieses edle große Herz zu legen; laßen Sie es mich noch einmal versuchen ob denn nichts vermögend ist, die niedrigen Eindrücke, den Widerwillen zu verlöschen, die wider mich bey Ihnen Wurzel gefaßt zu haben scheinen, sie in Mitleid und thätige Theilnahme zu verwandeln, laßen Sie mich es noch einmal versuchen — laßen Sie meine Jugend, meine Unerfahrenheit und Hülflosigkeit mein Fürsprecher seyn. Blicken Sie mit dem großen Auge in dem eine Seele voll Empfindung schwimmt, gütig auf mich herab, die Sie so innig verehrt, so kindlich liebt und schenken Sie meinen Bitten und Vorstellungen ein geneigtes Gehör.

Der Antrag des Herrn Becker, mit der Gage bis Ostern, nemlich mit 66 Rchsthr. zufrieden zu seyn, überraschte mich so sehr, daß ich jeder ernstern Betrachtung unfähig, im ersten Augenblick zu rasch versprach, was ich nach reiflicher Ueberlegung bitter bereute, nemlich mich mit 80 Rchsthr. zu begnügen.

Höchst leichtsinnig und undankbar würde ich gegen mich selbst handeln, wenn ich in meiner kritischen Lage, mich einem blosen Ohngefähr anvertrauend, mit einer Kleinigkeit von ohngefähr 20 Rchsthr. versehen, mir selbst überlaßen, so allein in die Welt hineinwandern,

den Stürmen des Schicksals Trotz bieten wollte, denn
was bleibt mir nach Bezahlung meiner Schulden die sich
auf 50 Rchsthr. belaufen, nach Ankauf eines Oberrocks,
den ich so nothwendig brauche, da ich nichts Warmes,
nicht einmal ein warmes Unterkleid, nicht einmal ein
ordentliches Halstuch habe? da ich sogar noch einen Kof=
fer ankaufen muß, da auch dieser mir fehlt?

O Herr Geheime Rath, Sie wissen nicht was Man=
gel ist, können es nicht wissen, da Sie Alles im Ueber=
fluß haben, es Ihnen an gar nichts fehlt. Sie können
nicht fühlen was ich fühle und empfinde indem ich der
schrecklichsten Zukunft entgegengehe! — Der starke und
feste Mann hat oft Mühe sich unter diesen Umständen
durch das Labyrinth des Lebens zu winden, wieviel mehr
nicht ein schwaches, hülfloses, von allen Menschen ver=
laßenes Weib, und möchten Sie wohl Schuld an meinem
Elend seyn? —

Ich habe Alles genau berechnet, welches Sie aus
beyliegender Note (eine solche fehlt) sehen werden, was
ich der Direction gekostet habe, aber gefunden daß, nach
Recht und Billigkeit — das heißt, wenn ich mich auf
einen gütigen Vergleich einlaße, ich von meiner einjäh=
rigen Gage, die mir doch mit Fug und Recht werden
muß, da ich schon zwey Jahre von meinem dreyjährigen
Contrakt schwinden laße, nach Abbezahlung alles dessen
was ich von der Direction erhielt, ich noch 178 Rchsthr.

zu fordern habe, von welchem Gelde ich alsdann auch
meine noch übrigen Schulden abtragen will.

Da jedes kleinere Theater pünktlich und aufs
Wort hält und zahlt, hoffe ich daß es bey einer
Herzogl. Direction gar keinen Anstand haben, und Sie
um einer so geringen Summe Willen sich nicht compro=
mittiren wird. Sollte es aber dennoch seyn, so muß ich,
obgleich höchst ungern, einen andern Weg einschlagen, die
Gesetze zu Hülfe nehmen. Ich wende mich alsdann direct an
den Herzog selbst, nicht an die Regierung, weil Zeit und
Umstände — ob mir gleich das Armenrecht zustehet —
dieses nicht gestatten. Ich protestire daher feyerlich da=
gegen daß die mir bestimmte Summe bey der Regie=
rung deponirt werde, oder ich wenigstens vorher gehört
werde, und meine Einwendungen dagegen machen könne.
Ich überlaße mich alsdann dem Ausspruch des Herzogs
der so gerecht seyn wird einzusehen, das wenn auch kein
schriftlicher Contrakt vorhanden ist, es doch in der Haupt=
sache nichts entscheidet, da eine blos mündliche Ueberein=
kunft dergleichen Contrakte bestimmt und ich die Würk=
lichkeit davon durch Eidesleistung darthun kann.

Bis zur ausgemachten Sache, darf ich Anspruch
darauf machen von Ew. Excellenz im Besitz meiner
wöchentlichen Gage geschützt zu werden.

Sollte alsdann der Herzog meine Sache der Regie=
rung dennoch übergeben, so, ich wiederhole es nochmals,
mache ich Gebrauch des Armenrechts, und dann bleibt

mir auf alle Fälle — Verzeihen Sie gnädigst mir diese Aeußerungen, sie thun mir weh; mein Herz leidet unaussprechlich indem ich mir diesen Fall möglich denke, aber ich kann nicht anders handeln — dann bleibt mir auf jeden und alle Fälle, wenn auch die Sache den Weg Rechtens eingeleitet wird, dennoch **der Weg der Publicität** offen. —

Nochmals bitte ich um Verzeihung, nochmals versichere ich Ew. Excellenz daß es mich unendlich kränken würde so handeln zu müssen, aber was soll ich machen wenn der Mann von dem ich alles erwartete, da seine Schriften das Gepräge eines weichen, gefühlvollen Herzens tragen, wenn dieser Mann sein Herz vor mir verschließt? mich nicht hören, mir nicht Gerechtigkeit widerfahren lassen will?

Doch ich hoffe noch immer das Beste, da Ihr herrlicher wohlwollender, vortrefflicher Charakter mir zu bekannt ist, um auch nur einen Augenblick glauben zu können daß er gerade in Betreff meiner sich verläugnen wird. Da mir sehr daran gelegen ist, diese Sache bald beygelegt zu sehen, ersuche ich Ew. Excellenz die Gnade zu haben, mir wo möglich noch wißen zu laßen, was ich zu erwarten habe.

Die ich jederzeit ehrfurchtsvoll verharre

Ew. Hochwohlgeboren ganz ergebenste Dienerin

Minna Charlotte Burgdorf.

P. S.

Es würde mich sehr kränken wenn Ew. Excellenz
wirklich glauben sollten Mangel an Ehrgefühl hielte mich
ab Dero Auerbiethen anzunehmen und auf mein weiteres
Fortkommen bedacht zu seyn. Nothwendigkeit, bittere
Nothwendigkeit ist es, Pflicht gegen mich selbst! — Meinen Aufenhalt hier aber zu verkürzen, steht allein bey
Ew. Excellenz, indem Sie die Gnade haben meine Sache
zu beschleunigen, wodurch Sie mich sehr beglücken
würden."

Goethe mag durch diesen kecken Drohbrief nicht wenig
außer sich gewesen sein. Kirms hatte noch an demselben
Tage eine Unterredung mit der Burgdorf; sie muß ernst
und inhaltreich gewesen sein (leider ist keine Notiz des
sonst so gewissenhaften Kirms darüber vorhanden). Hauptsächlich aber scheint er mit dem Briefe des Herrn von
Wedell gewirkt zu haben, denn für Madam Burgdorf
muß die Aussicht, sich wieder mit dem Manne, den sie
wohl für immer für sich verloren geglaubt, vereinigen zu
können, höchst angenehm und verlockend gewesen sein.
Genug, die Folgen dieser Unterredung bestanden darin,
daß die Burgdorf die so eben noch ausgeschlagenen
66 Rthlr. acceptirte und, allen weitern Ansprüchen ent-
sagend, Weimar sofort zu verlassen versprach. Als ganz
gute Freunde müssen Kirms und sie geschieden sein.
Ersterer nahm noch folgendes (wahrscheinlich von ihm
diktirte) Billet von ihrer Hand mit:

„Weimar, den 6ten Januar 1799.

Um allen fernern Weitläufigkeiten zu vermeiden
mache ich mich anheischig mit dem Erbieten einer hohen
Direction, mir eilf Wochen Gage zukommen zu lassen,
zufrieden zu sein, bitte aber dringend mir solche so bald
als möglich einzuhändigen weil Zeit und Umstände mir
nicht erlauben hier alsdann länger zu verweilen.

                                   Minna Burgdorf."

Madam Burgdorf erhielt denn auch diese Summe;
der erwartete Freund und Geliebte kam an und nach Be-
richtigung einiger Schulden und Umgehung einer weitern
Anzahl ähnlicher Verbindlichkeiten, verließ das Pärchen
endlich Weimar, das Hoftheater, Goethe und Kirms von
ihrer Gegenwart befreiend.

Die beiden Leiter des Theaters mögen wohl mit einem
Seufzer der Befriedigung die endliche Abreise der Beiden erfahren und Goethe wohl im Sinne seines ersten
Urtheils, und dieses ergänzend, ausgerufen haben: „Ich
wußte es; der Mann ist ein Hasenfuß! jedoch die Frau,
wenn sie auch auf der Bühne eine schlechte Schauspielerin
war, ist sie es doch keineswegs im gewöhnlichen Leben
gewesen, wie ich zu meinem Leidwesen erfahren mußte!"

––––––––

Hiermit endet die Engagements-Komödie von Herrn
und Madam Burgdorf. Doch gab es noch ein kleines

Nachspiel, welches ich, obgleich es zum Theil ein wenig
derb ist, dennoch wahrheitsgetreu und wörtlich, wie alles
Bisherige, mittheilen werde.

Von Erfurt aus sandte das Pärchen zwei verschiedene Briefe nach Weimar. Eins dieser Schreiben, würdig gehalten, war von Herrn von Wedell-Burgdorf und
an Kirms gerichtet. Es belehrte Letztern, in welcher Gefahr er geschwebt habe und wie beinahe das Goethesche
Wort „Hasenfuß" zu Schanden, aus der Tragi-
Komödie auf ein Haar eine wirkliche Tragödie geworden sei. Dieser Brief lautete:

„Erfurt, den 10. Jenner 1799.
Wohlgeborner Herr!

So unglaublich es mir auch ist, so versichert mir
meine Frau zu wiederholten Malen, daß Sie die Triebfeder gewesen seyen, daß man sie mit so vieler Großmuth
entlassen habe. . Man hat in der That nichts anderes
gethan, als bey jedem anderen Individuum nach den
Umständen, vielleicht noch ungleich stärker hätte gethan
werden müssen. Unterdessen gestehe ich, es ist weit über
meine Erwartungen, da ich nach der Behandlung gegen
mich, alles fürchten konnte.

Diese Großmuth Herr Hofkammer Rath beschämt
mich sehr und ich sage Ihnen um so aufrichtiger meinen
herzlichsten Dank, da ich mit Vorsätzen in Weimar
eintraf, die nicht anders als die schlimmsten Folgen
für mich hätten haben können.

16*

Auch für Ihr damaliges Anerbieten mich mit meinen Verwandten zu redressiren — das ich nicht beantwortete, weil es mir nicht aus der edelsten Absicht entstanden schien — danke ich innigst. Verhältnisse deren details viel Zeit fortnähmen, erlauben mir nicht jetzt davon Gebrauch zu machen.

Mit vollkommenster Achtung unterzeichne ich mich Ew. Wohlgeboren

ganz ergebenster Diener

L. Burgdorf."

Wer weiß, welcher Gefahr Kirms — selbst Goethe! — ausgesetzt gewesen wären, wenn der gewandte Kirms die Angelegenheit nicht so gut und trefflich zu Ende gebracht. — Doch ich glaube nicht, daß, selbst wenn die Prätensionen der Madam Burgdorf gewaltsam zum Schweigen gebracht worden wären, es für die beiden Leiter des Weimarer Hoftheaters gar so gefährlich gewesen und schlimm abgelaufen wäre, denn aus allem Reden, Handeln und Thun des Herrn von Wedell=Burgdorf geht nur zu klar hervor, daß Goethe vollständig Recht hatte, da er sagte: „Der Mann ist ein Hasenfuß."

Die Frau aber hatte Goethe zu gnädig beurtheilt und auch behandelt. —

Der zweite der Briefe, die von Erfurt in Weimar eintrafen, war von Madam Burgdorf und aller Wahrscheinlichkeit nach an Demoiselle Corona Schröter,

ihre ehemalige Lehrerin, gerichtet. Derselbe war freilich
ganz anderer Natur als die bisherigen schriftlichen Ge=
fühlsergießungen der Madam Burgdorf und auch im
Stande, ein ganz anderes Urtheil über sie wachzurufen,
als nach dem bisher Mitgetheilten möglich war.

Der Brief selbst ist im Original nicht vorhanden, da=
für aber eine Kopie desselben von der Hand Kirms', die dieser
gewissenhafte Beamte als Ergänzung den Burgdorf'schen
Akten beifügte. Es ist vielleicht nur ein Bruchstück des
Briefes, doch sagt dasselbe mehr als genug. Die
Kopie lautet:

„ — Glücklich und heiter flossen meine Tage wäh=
rend meines Aufenthalts in Weimar dahin denn ich
lernte edle Menschen kennen, unter welchen Sie meine
Gnädige den ersten Platz behaupteten.

Der Traum ist ausgeträumt, mein widriges Schicksal
reißt mich von diesem geliebten Ort fort, wo ich nichts
als Wohlthaten genoßen habe. Mein Abfindungsquan=
tum reicht nicht hin alles zu bezahlen, so gerne ich auch
wollte, ich würde aber ganz ohne Geld die Reise haben
antreten müssen. Ich will nicht betrügen, und ich wün=
sche nichts mehr als mit der Zeit mich meiner Schulden
zu entledigen. —

— Der erste Augenblick wo ich Sie meine Vereh=
rungswürdige sahe, Ihre überirdische Güte, Ihr rastloses
Bestreben arme Künstler zu unterstützen, welches aller

Welt bekannt ist, und „Cyliarens"*) Ergießungen von ungeheuchelten Ausdrücken über Ihre schöne Seele, geben mir den Muth (zu hoffen) daß Sie mich nicht verlassen und diese Summe für mich bezahlen werden. Meine Dankbarkeit wird mich bis in jenes Leben nicht verlassen. Ich hoffe in Trippsdrill wo ein gebildetes Publikum ist, wo ich durch Ihre Freundin die Frau von Brunst allen Cabalen die Spitze bieten kann, als Schauspielerin in kurzer Zeit mich dergestalt zu vervollkommen, daß ich als erste Liebhaberin in meinem geliebten Weimar durch meinen Ruf werde bald wieder engagirt werden können. —

— Der edle Elkan**) kleidete mich als ich gleichsam nackend nach Weimar kam. Diesem Edelmuth bin ich 10 Rthlr. zu entrichten schuldig; keine Speise, keine Getränke, wird mir gedeihen, mich laben, so lange dieser Seelenfreund mich für undankbar hält.

Ebenso verhält es sich mit dem uneigennützigen Italiener Pretari, der mir auf mein gutes Gesicht 6 Rthlr. lieh.

Meine guten Wirthsleute haben noch 2 Laubthlr. von mir zu erhalten, und dem höflichen Schneider Stoll-

---

*) Cyliax ist der Name eines jungen Schauspielers, welcher am 12. Oktober 1798 als Rekrut in Wallensteins Lager debütirte und bis Johanni 1799 in Weimar blieb. — Vielleicht kann derselbe gemeint sein.
**) Jakob Elkan, Hof-Faktor. Siehe Episode IV.

berg, den ich seiner Talente wegen liebe und verehre, habe ich nur etwas zurücklassen können und bin ihm noch 2 Rthlr. 18 gr. schuldig geblieben.

Diese Summe von 22 Rthlr. werde ich entrichten, sobald ich von meinem nächsten Engagement in Trippstrill, wo der Bach über die Weide fließt, diese kleine Summe werde ersparen können. —

— Damit aber meine Feinde, worunter ich vor allen den Herrn von Floto, und Herrn von Stein, den Jäger unter uns gesagt, zähle, bey meiner Wiederaufnahme in meinem geliebten Weimar, wegen den von mir nicht bezahlten Schuldposten, nicht hinreichende Ursache auffinden können sich meiner Wiederaufnahme zu widersetzen, so flehe ich Sie meine zuckersüße Seele, mein Honigseimichen, mit kindlicher liebevoller Zuversicht an, diese angezeigten Schuldposten für mich zu bezahlen und meine Ehre zu retten, wofür ich dankbarlichst ersterbe — 2c. — "

Was aus Herrn und Madam Burgdorf geworden — ich vermag es nicht zu sagen; ihre Namen finden sich in der damaligen Theaterwelt nicht mehr vor.

Aller Wahrscheinlichkeit nach sind sie zu Grunde gegangen, verdorben und gestorben — verschollen und vergessen!

Die deutsche theatralische Kunst hat, gleich Weimar, wohl nichts dabei verloren!

———

Weimar war Madam Burgdorf, wiewohl mit ziem=
lichen Opfern, losgeworden, doch war damit zugleich wie=
der eine Aussicht geschwunden, das Fach der verstorbenen
B e c k e r zu besetzen, und Kirms mußte wieder von neuem
seine schriftlichen Entdeckungsreisen nach einer jugend=
lichen Liebhaberin antreten. Hierzu kam noch, daß Ma=
dam S c h l a n z o w s k y immer — weniger gefiel.

Das alte Klagelied finde ich von Kirms schon wieder
unterm 15. Januar 1799 angestimmt und zwar in einer
Antwort auf ein Schreiben des Herrn H e i n r i c h s, des
Mitdirektors des Breslauer Theaters, welcher Kirms, für
das Weimarer Hoftheater, eine Familie D i s t e l , Vater
und Töchter, empfohlen hatte.

Kirms sagt in dieser Antwort:

„Das hiesige Theater ist bereits mit v i e r j u n g e n
Mädchen versehen, die zuweilen auch einige kleine Rollen
erhalten, um in ihrem M e t i e r (!) nicht rückwärts zu
kommen. Da das männliche Personal beym hiesigen
Theater sehr vollzählig, und alles durch Kontrakte aufs
neue seit Weihnachten engagirt ist, so ist für Herrn D i s t e l
für jetzt keine Aussicht, sowie für seine Töchter unter ob=
gedachten Umständen ebensowenig Gelegenheit sein würde
sich hinreichend zu beschäftigen.

Es fehlet hier nicht an weiblichem Personal, aber
durch das Ableben der Madam Becker fehlet eine Person

für die ersten Liebhaberinnen Rollen, die den Wuchs, das Interesse und das Talent der Beckerin hat — 2c."

Noch oft ist Kirms in der Lage, sich, gewiß seufzend, ähnlich zu äußern. Doch endlich ergaben sich die Leiter des Hoftheaters in ihr Schicksal, verzichteten darauf, eine zweite „Beckerin" zu finden und begnügten sich mit der Jagemann und der Malkolmi, verehelichten Wolff.

Unter den von Kirms oben erwähnten Mädchen war eines, welches indessen bedeutende Anlagen verrieth, doch leider durch Verhältnisse gehindert wurde, gerechte Hoffnungen weiter zu erfüllen.

Es war dies eine der beiden Demoisellen Caspers (wahrscheinlich die jüngere, Fanny); die zwei Schwestern waren nämlich gleichzeitig thätig), für welche Schiller die weggefallene Scene in „Maria Stuart", zwischen derselben und der jungen Gräfin Douglas*), bestimmt hatte; für die sich Goethe auch lebhaft und direkt interessirte, ihr sogar selbst die Rolle der Amenaide in seinem „Tancred" einstudirte**). Dieses junge, vielversprechende Mädchen verließ indessen, mit ihrer Schwester, Ostern 1802 Weimar und das Theater überhaupt.

---

*) Siehe „Weimars Album" 1840. Maria Stuart.
**) Tages- und Jahres-Hefte. 1801.

Es bliebe zum Schluß noch ein Wort über die bis=
herige, wirkliche Remplaçantin der verstorbenen Becker,
über Madam Schlanzowsky, zu sagen.

Man hatte diese Schauspielerin, über die sich Goethe
anfänglich so günstig ausgesprochen, für längere Zeit
engagirt, sich jedoch in ihr — wenn auch nicht so gewal=
tig wie in Madam Burgdorf — geirrt und wollte end=
lich sie gleich jener gerne los werden. Diesmal erhielt
Vulpius, der Romandichter und Opernübersetzer, den
Auftrag, Mad. Schlanzowsky von Weimar fort und
anderwärts unterzubringen. Er wandte sich nach Mün=
chen und Salzburg, doch vergebens. Etwa Mitte 1799
schreibt er darüber an Kirms:

„ — Die Madam Schlanzowsky nach München zu
bringen, verunglückte. Das dortige Theater ist von
Mannheim verproviantirt worden. In Salzburg
hält sich keine Gesellschaft; die jetzige ist schon wieder dem
Scheitern nahe. — "

Madam Schlanzowsky verließ zu Johanni 1800
Weimar. —

Der oben erwähnte Brief Vulpius' enthält ebenfalls
einen Beleg für das fortwährende rastlose Suchen nach
einem passenden Ersatz für die Becker. Er hatte von der
Fürstl. Theater=Kommission auch den Auftrag erhalten,

nach einer tüchtigen, doch verschollenen jungen Schauspie=
lerin zu forschen, da man dieselbe für geeignet hielt, das
verwaiste Fach auszufüllen. Die fragliche Dame trägt
noch dazu einen Namen, welcher in neuester Zeit im
russisch=türkischen Kriege gar oft genannt wurde.

Diese Stelle mag, hier folgend, diese Episode been=
den; Vulpius schreibt:

„Durch Suchen in den Journalen ꝛc. bin ich endlich
der Madam Osten näher auf die Spur gekommen, und
weiß nun, daß sie die ehemalige Dlle. Kaltenbach ist,
die zu Königsberg 1792 und 93 so viel Spektakel als Lieb=
haberin im Schauspiel und in der Oper zugleich machte.
Man war untröstlich als sie sich vom Theater begab und
einen Herrn von Sacken genannt Osten heurathete.
Bis 1798 hat diese Ehe gedauert. Dann ging sie wie=
der zur Dresdner Gesellschaft, wurde aber krank und
mußte abgehen. Nun ist sie wieder auf die Bretter ge=
kommen. Sie soll eine schöne Person, und mag jetzt
24 Jahre alt seyn. Ich nehme nichts vor um sie zu
uns zu bringen, bis mich die Direction dazu bevollmäch=
tigt. Wollen wir sie aber haben, geht sie gewiß zu
uns. —

Ich bin Ew. Wohlgeboren ergebenster

Vulpius.“

Madam Osten = Sacken wurde aber keineswegs nach
Weimar berufen, ebensowenig wie eine andere passende
erste Liebhaberin gefunden wurde und debütirte, und in
das Fach der Becker theilten sich — wie schon gesagt —
die Jagemann und Amalie Wolff.

VI.

Iffland und Weimar. 1796—1812.

———

Iffland hat uns eine interessante und anziehende Selbstbiographie hinterlassen, die erste Hälfte seiner bedeutungsvollen theatralischen Wirksamkeit umfassend. Unter dem Titel: „Ueber meine theatralische Laufbahn," ist sie dem ersten Bande seiner dramatischen Werke (Leipzig 1798) gleichsam als Einleitung vorgedruckt. Sie ist genau und gewissenhaft geschrieben, und wenige Details dürften diesem ersten Lebensabschnitt, dem Entwickelungsgange des Künstlers, fehlen. Funk in seinem Büchlein über Iffland („Aus dem Leben zweier Schauspieler," Leipzig) weiß nur Weniges über des Künstlers Jugendzeit hinzuzufügen, und die Selbstbiographie hat bisher allen weitern Aeußerungen über Iffland, ja sogar über die Geschichte des deutschen Theaters — so weit er dabei betheiligt ist — zu Grunde gelegen. Am Schluß dieses Lebensabrisses versucht Iffland mit großer Sorgfalt, ja mit der Aengstlichkeit eines Mannes, dem die Redlichkeit über alles geht, seinen Abgang von Mannheim und seine Berliner Anstellung zu rechtfertigen. Doch so genau und detaillirt diese Epoche auch wieder-

gegeben ist, so ist sie doch nach einer Richtung hin lücken=
haft. Sein damaliges Verhältniß zu Weimar und
Goethe berührt er nur flüchtig, und doch hatte Iff=
land sich mit der Bühne jener Stadt und ihrem Vor=
stande tiefer eingelassen, als er ausführlich darzulegen
wohl für gut fand.

Eine Reihe hierauf bezüglicher Urkun=
den bestätigt dies. Obschon lückenhaft, lassen die
letzten Schreiben, gleichzeitig mit der Berliner Anstellung,
keinen Zweifel, daß Iffland sich Weimar gegenüber
fester gebunden, als dem klugen Manne, der stets redlich
handeln wollte, lieb war. Diese Dokumente vermögen
zugleich die Selbstbiographie zu ergänzen, eine dunkle
Stelle im Leben des Künstlers zu erhellen. Weiter dürf=
ten sie dem Leser den eigenthümlichen Reiz gewähren,
Iffland, als Mensch und Künstler bedeutend, in
seinem geheimsten Denken und Fühlen zu belauschen. Ich
will versuchen, sie so viel als möglich im Zusammenhange
mit seinen Lebensereignissen mitzutheilen.

Die erste Erwähnung einer angeknüpften Verbindung
mit Weimar geschieht in der Selbstbiographie, zur Zeit
als Mannheim von den kaiserlichen Truppen eingeschlos=
sen war, 1795. Iffland erhielt im Herbste jenes
Jahres „einen schmeichelhaften Antrag von Weimar, dort
Gastrollen zu geben," den er aber, einem früher abge=
gebenen Reverse „buchstäblich treu", ablehnte. Doch
geschah dies nur vor der Hand, denn nach dem mühselig

durchbrachten Winter von 1795 auf 96, wo die Leitung des Theaters unter schwierigen Verhältnissen ihm ganz allein oblag, und nach tadelnden Aeußerungen des Herrn von Dalberg, wo er Anerkennung gehofft, erbat und erhielt er im Frühjahr 1796 die Erlaubniß zu einer Gastspielreise nach Weimar. Vom 28. März bis 25. April trat er daselbst mit dem größten Beifall in vierzehn verschiedenen Rollen auf, wofür er, außer freiem Aufenthalt im Gasthofe, noch „100 Karolin Douceur" erhielt.

Böttiger verherrlichte dieses Gastspiel in einem eigenen Buche: „Entwicklung des Iffland'schen Spieles auf der Weimarischen Bühne."

Ueber dieses Gastspiel und seine Folgen sagt Iffland selbst Manches. Er giebt zu, daß in Weimar zuerst in seinem Leben der Gedanke in ihm erwachte, daß es ihm möglich sein könne, Mannheim zu verlassen. Er ist sogar entschlossen, bei andauernder unangenehmer Stellung seinem Chef gegenüber, und in Rücksicht der traurigen politischen Verhältnisse, unter denen Mannheim und seine Bewohner so viel zu leiden hatten, seine Verbindung mit jener Stadt zu zerreißen. Er sagt: „Ich äußerte dieses in Weimar, und daß ich alsdann dort zu leben wünsche. Man begegnete dieser Idee, und die Vorschläge, welche ich, falls die Umstände sich so vereinigen würden, entworfen habe, können, glaube ich, für meine Uneigennützigkeit, für meine Hochachtung für Hrn.

von D a l b e r g und für die Anhänglichkeit an die Pfalz
und meine Freunde reden."

Wie er gesagt, so verhielt es sich.   Hier die oben
erwähnten, von ihm unterm 8. April, während seines
Gastspiels,   an   G o e t h e   übermachten   Wünsche und
Bedingungen eines abzuschließenden Engagements mit
Weimar:

„Meine Wünsche, an einem Orte, der für Geist und
Herz so reiche Nahrung darbietet, zu bleiben, in Ruhe zu
leben, sind sehr bestimmt. — Doch wünsche ich anständig
und nicht übereilt von Mannheim wegzugehen.   Dazu
sehe ich manche Möglichkeit voraus.   Ueberhaupt habe
ich Mannheim Vieles, zu viel geopfert: so, daß ü b e r a l l
erfüllte Pflicht auf meiner Seite ist.   Menagement gegen
Herrn v. D a l b e r g, dem ich Achtung schuldig bin,
macht, daß ich ehrlicherweise erst von dort, bei meiner
Rückkehr, das W i e und W a n n bestimmen kann. — Ich
würde mich, wenn das berichtigt ist, alsdann gerne der
Regie zu Weimar unterziehen, mit Beiseitsetzung aller
ökonomischen Details, denen ich nicht gewachsen bin. —
Meine dortige Besoldung ist 1700 Gld. rheinisch.   Ich
würde hier nicht m e h r verlangen.   Ich könnte nicht
w e n i g e r nehmen.

Meine Pension ist 700 Gld. rh., deren Zusicherung
im Fall 1. das Theater aufhörte, sei es aus 2. welcher
Ursache es aufhören möchte; oder 3. im Fall ich Alters

oder Krankheit halber nicht mehr spielen könnte, ich, so
wie meine Besoldung an nämlicher Kasse, wo andere her=
zogliche Diener ausbezahlt werden (nicht an einer tem-
porairen Theaterkasse), erwarten müßte. — Ich wünsche
dem Dekret inserirt, daß, wenn ich eintretenden Falls des
Pensionsbezugs anhalten sollte, selbe alsdann auswärts
zu genießen, solches mit Herabsetzung von 700 Gld. auf
500 Gld. gnädigst bewilligt werden wolle.

Ich kann, wenn das Theater auswärts spielen soll,
mich nur dazu verstehen, solches in herzoglichen Landen
zu thun.

Ich würde als Regisseur von allem, was geschehen
soll, vierzehn Tage vorher der Herzoglichen Intendance,
auf vierzehn Tage hinaus, einen detaillirten Plan zur
Genehmigung vorlegen. — Sowie Vorschläge zur Füh=
rung des Ganzen in der Natur meiner Stelle lägen: so
würde ich Abdankungen und Engagements zu schließen, die
Vollmacht gehorsamst erbitten. — Da ich mir mein Weg=
gehen von Mannheim unnöthig erschweren würde, wenn
hiervon etwas vor der Zeit bekannt würde: so muß ich gehorsamst bitten, nichts davon bekannt werden zu lassen. —
Ich bin unfähig etwas zu mißbrauchen, oder leere Verspre=
chungen zu thun: es ist daher meine Pflicht, die nähere
Bestimmung des Ganzen von Mannheim aus zu machen, da
in einer Krise, wie jetzt dort ist, binnen wenig Wochen
sich Vieles entwickeln muß, was mir Hrn. v. Dalberg
gegenüber alles erleichtert. — Dies ist, was ich vorläufig

17*

sagen kann. Nähere Kenntniß des ökonomischen Fonds
vom hiesigen Theater läßt demnächst mich bestimmt sagen,
auf welche Höhe das hiesige Theater noch gebracht wer=
den kann, dem ich mich dann ganz widmen würde.

Iffland. "

Noch fügte er folgende Zusätze bei:

„Ich würde auf den Fall meines, unter denen gehor=
samst proponirten Bedingungen, geschlossenen Engage=
ments zu Weimar, mich gern reversiren, diesen Ort nie
zu verlassen, um ein anderes Engagement anzunehmen.
Dagegen, um mir Neuheit zu erhalten, würden Se.
Herzogliche Durchlaucht gnädigst geruhen, mir alle zwei
Jahre etwa einen Monat Reise=Urlaub zu ge=
statten.

So lange die Reise nach Lauchstädt nöthig ist, oder
nach Erfurt, kann, außer den Operetten, leicht ein An=
derer meine Rollen übernehmen. Ich wende nichts ein,
wenn der Fall sich so träfe, nach Gotha oder einen andern
ähnlichen Ort mitzugehen. Einige Kompensazion der
Quartier=Unkosten ist etwas, das ich nach seiner natür=
lichen Billigkeit hier nur im Vorbeigehen berühre. —
Weimar den 8. April 1796.

Iffland. "

Es waren dies allerdings genau ausgearbeitete Be=
dingungen, die, von Goethe geprüft und dann als an=
nehmbar bevorwortet, dem Herzog Carl August zur

Genehmigung vorgelegt wurden. Dieser resolvirte am 15. April:

„Ich bin im Allgemeinen mit diesen Vorschlägen zufrieden, und es können nach näherer Erklärung die Unterhandlungen fortgesetzt werden.

Carl August."

Eine nähere Besprechung erfolgte, vielleicht noch am selben Tage, und da die proponirten Bedingungen im Allgemeinen angenommen worden waren, so war Iffland, für den Fall eines Loskommens von Mannheim, gebunden.

Am 26. April reiste Iffland nach Leipzig, von dort zurück über Kassel, Frankfurt nach Mannheim.

Hier muß ich eine kleine Episode einschalten.

Bei seiner Abreise von Weimar glaubte Iffland eine Rolle mit 48 Laubthalern in seinem Logis zurückgelassen zu haben. Er hatte sich in Weimar mit dem Hofkammerrath Kirms, dem Mitdirektor Goethe's, innigst befreundet, und diesem schrieb er darüber folgenden Brief, der als Kuriosum hier seine Stelle finden mag.

„Leipzig den 28. April 1796. 6 Uhr.
Theuerer Freund!

Ich künde mich als Esel an, der ein Rouleau mit 48 Laubthaler zu Hause, ich meine am Kammerfenster, liegen ließ. Die sehr ehrlichen Leute haben es Ihnen wohl schon gebracht. Schicken Sie es beliebig nach

Frankfurt, poste restante im „weißen Schwan", an
Iffland, und eine Nachricht über das ob, oder nicht,
nach Kassel, poste restante. In Eile Ihr dankbarer
Freund und Esel   Iffland."

Das Geld fand sich indessen nicht vor. Iffland
hatte sich geirrt, und von Mannheim schreibt er unterm
16. Mai dem Freunde Kirms einen Brief voll Entschul=
digungen und bekennt, daß er schlecht gerechnet.

Am 19. Mai desselben Jahres verheirathete sich Iff=
land, und schon im Juli war er, der drohenden Kriegs=
gefahr halber, genöthigt, mit seiner jungen Frau von
Mannheim zu fliehen. Er erhielt zwei Monate Gehalt,
mußte sich aber durch einen Revers verpflichten, „am
Ende der Gefahr zurückzukommen."

Letzterer nöthigte ihn, Weimar gewissermaßen aus=
zuweichen, obschon sein Weg ihn — da er nach sei=
ner Vaterstadt Hannover zog — dort vorbeiführte. Er
selbst sagt darüber: „Ich ging, ohnerachtet ich durch
Gotha reisete, nicht über Weimar, um mich nicht selbst zu
einem Schritte gegen Mannheim zu verleiten."

Er hatte Furcht, denn er fühlte sich Weimar, Goethe
gegenüber, nicht mehr frei. Es war freilich eine schwie=
rige Situation. Der in Mannheim ausgestellte Revers
„zurückzukommen", die von Weimar angenommenen Be=
dingungen, seine etwaigen darauf bezüglichen, schriftlich
abgegebenen Versprechungen mußten ihn in Weimar,
einem Manne wie Goethe gegenüber, in die peinlichste

Lage bringen. Und doch hatte er nicht den Muth, viel=
leicht auch den Willen, offen mit Goethe zu reden, die
Unterhandlungen abzubrechen. Er giebt ihnen dort sogar
Hoffnung, daß sich Alles noch nach Wunsch gestalten
könne. In diesem Sinne lautet ein Schreiben an
Kirms, welches sich an die obenerwähnte Aeußerung
in seiner Selbstbiographie anschließt:

„Gotha, auf der Durchreise nach Hannover, am
18. Juli 1796.

    Mein herzlicher Freund!

    Meine Würfel liegen, und müssen binnen hier und
vier Wochen geworfen sein. Die Bomben treiben mich
fort. Meiner Pension (die, wenn es ohne meine Schuld
endet, doch gezahlt werden müßte) zu Ehren gehe ich einst=
weilen nach Hannover zu den Meinigen. Aber vorbei=
reisen an dem Orte, neben denen Menschen, die ich so
dankbar liebe, konnte ich nicht, ohne ihnen dies, und daß
ich sie innigst liebe, zu sagen. Melden Sie es gütigst
unserm Bötticher, dem ich von Hannover gleich
schreibe.

        Ihr dankbarer Freund Iffland.“

    In Hannover blieb Iffland bis Ende August;
dann ging er auf Schröder's Einladung nach Ham=
burg, woselbst er bis zum 9. Oktober weilte. Während
dieser Zeit wurden ihm von Berlin aus erneuerte An=
träge gemacht (vielleicht auch schon weit früher), die Lei=

tung des dortigen Nationaltheaters zu übernehmen. —
„Schon 1794 habe er solche Anträge erhalten, doch da=
mals definitiv abgelehnt." — Hierdurch wurde sein Ver=
hältniß zu Weimar noch schwieriger und unangenehmer.
Daß diese Berliner Anstellung ihn am meisten anzog,
bedarf keiner Frage, auch reiste er sogleich nach Berlin,
um in dieser für ihn höchst wichtigen Sache seinen per=
sönlichen Einfluß geltend zu machen, und die etwa nöthi=
gen Verhandlungen selbst zu leiten. Am 18. Oktober
schreibt er nach Mannheim, theilt Hrn. v. Dalberg
seine Berliner Aussichten mit, und verlangt „nicht Ver=
besserung, nur bestimmte Auseinandersetzung" seiner Ver=
hältnisse. Fast zugleich schreibt er an Kirms nach
Weimar:

„Mein theurer, werther, immer gleichgeliebter Freund!
Eine tödtliche Krankheit, mit deren Schwäche ich hie=
her von Hamburg kam, läßt mich auf Ihren Brief, dies
Denkmal Ihres Herzens, den ich mit Thränen der Er=
kenntlichkeit las, den ich empfinde, erst heute antworten.
Damals wußte ich, so wahr ich ehrlich bin, nichts
von einem hiesigen, beständigen Engagement, und jetzt
kann ich nur muthmaßen, daß man mir es antragen
werde. Man sagt sich hier, es werde sehr glänzend sein
und unter uns, es werde über 3000 Thlr. gehen. Gott
weiß, was daran ist. Eine so große Summe, unter Be=
dingung der nur literarischen Direktion, verdient freilich
Ueberlegung. Ohne deren Evidenz in der Grundlage

des Engagements sage ich entschieden Nein. Ich
würde das sogar gleich sagen, wenn ich dort nur — nach
allen angetragenen Modifikationen — einige Aussicht
hätte, mit Becks*) zu leben! Vergeben Sie, bester
Mann, dem ehrlichen Herzen seine Wünsche, da es ehr=
liche Wünsche sind. Da ich denn, für des Herzens Glück,
Summen aufzuopfern bereit bin, so sehen Sie die Wahr=
heit meiner Seele, und Wahrheit erregt ja immer guter
Menschen Theilnahme, und gut, — seelengut sind Sie
ja wahrlich!

Es ist eine harte Lage für einen ehrlichen Mann, der
lieber der Stimme des Herzens folgen wollte, als dem,
was man Klugheit nennt, wenn diese Klugheit ihn, weil
er nicht mehr allein steht, sondern Hausvaterpflichten für
die Zukunft hat, wenn diese ihn mit einer Gattung Ober=
gewalt zwingt, zu balanciren. Das ist meine Lage, und
wahrlich, wohl ist mir dabei nicht. Ich wollte, alles
wäre vorüber, und ruhig säße ich in meinem Kämmerlein.
Begreiflich muß es aber Ihnen sein, und wer wird es
mehr begreifen, als Hr. v. Goethe, daß unter diesen
Umständen meine Lage in einem unangenehmen Zwiespalt
ist. Kann ich denn wohl sagen, ich will nicht nach
Weimar kommen? So spräche ich gegen mein Herz.
Kann ich, eben vor dem letzten Zuge meines Lotto, heut

---

*) Beck, Iffland's Jugendfreund aus der Eckhoff'schen
Periode.

sagen, ich komme gewiß? so würden Sie mich unver=
nünftig nennen. So ist es jetzt. — Mitte November
gehe ich hier ab; in vierzehn Tagen muß Alles entschieden
sein, ob Ruhe und Reichthum für hier entscheiden
sollen. Ohne Ruhe will ich kein Geld, also glaube ich,
es wird nichts. — Soll ich dadurch, daß ich diese Wahr=
heit sage, Weimar verloren haben? — Es wäre hart!!
— Gott sei mit Ihnen, und wenn mir der Hof verloren
geht, bleibt mir der Freund! — Berlin den 21. Okto=
ber 1796.   Iffland."

Es waren Worte, Ausflüchte, und sicher stand es bei
ihm fest, die brillanten Berliner Anerbietungen anzuneh=
men. Sein Verhältniß zu Mannheim und Hrn. v. Dal=
berg ordnete sich so zu sagen von selbst, mit Weimar
und Goethe war es etwas Anderes. Obiges Schrei=
ben deutet auf früher gegebene Zusagen, daher das
Schwankende, Unsichere in Iffland's Brief. Goethe
scheint indessen edel genug gewesen zu sein, auf solche zu
verzichten, in Betracht der glänzenden Aussicht, die Ber=
lin dem Künstler bot. Die Antwort seines Direktions=
Kollegen Kirms auf obiges Schreiben wird in dieser
Weise gelautet haben. — Die Berliner Unterhandlungen
dauerten fort, und da er von Mannheim keine genügende
Antwort bekommen, nahm Iffland am 14. November
das Engagement als Direktor des Berliner National=
theaters an. Vom 21. November liegt ein Brief an
Kirms vor, wahrscheinlich die Antwort auf oben ange=

deutetes Schreiben, welches ihn seiner früher gegebenen
Zusage entband.

„Berlin den 21. November 1796.

Mein Freund! — Mein Bruder!

Denn so handelt nur ein Bruder am andern. Da
sitzen meine Frau und ich, und reden mit der Perle des
Dankes im Auge von Weimar und, mehr als von Wei=
mar, von dem edlen Kirms, dessen Hand ich an mein
Herz lege, den ich liebe und verehre! — Wahrscheinlich
habe ich den Frieden meiner Seele verkauft — Se. Maje=
stät bezahlen meine Schulden! — habe die Ruhe gegen
Geld getauscht, denn ich erhalte 3000 Thaler Sold, ein
jährliches Benefiz und 1200 Thaler Pension, wenn ich
bleibe — denn auf ewig habe ich mich nicht engagirt!
— Freund, die Schulden haben entschieden. Nur
diese! das glauben Sie ja wohl, wenn Sie von den ehr=
lichen, geliebten Becks mich getrennt wissen! — O Gott!
da sitze ich, man wünscht mir Glück, mein Kopf hängt,
und ich weine über mein Glück, bin kalt bei Ehre und
Geld und schlafe wenig, denn mein armes Herz ist zer=
rissen. — Eben kommt Ihr Brief, und das bekannte
Couvert versetzt mich gleich nach dem friedlichen Belvedere,
unter treue Freunde, .. und dann sehe ich hier in Pracht
und Leere! — Es ist geschehen. — Ich werde hier nicht
ausdauern! — In drei Jahren kann ich ebenfalls hier
zurückgehen. Ich will sparen — dann führe Gott mich
in Ruhe zu Ihnen! Diese letzte hoffnungsvolle

Stelle, diese liebe Stelle, für die ich Sie segne und an mein Herz drücke — zeigt mir Licht in der Nacht!!

Machen Sie dem verehrten gnädigen Herzog meinen mündlichen Bericht, drücken Sie meinem Bötticher die Hand — ich kann heute nicht — ich sehe vor Wasser die Buchstaben nicht.

Ihr dankbarer, wärmster, innigster Freund

Iffland."

Die Angelegenheit war beendet; Iffland war Direktor des Berliner Nationaltheaters geworden und augenblicklich für Weimar verloren. Der Vorstand letzteren Theaters schien indessen doch noch immer zu hoffen. Die Mühen, Arbeiten und Unannehmlichkeiten, die mit einer so großen Direktion verbunden waren, mußten auf den Künstler, den Schriftsteller lähmend, hemmend wirken, und darauf fußend, glaubte man in Weimar, daß Iffland bald eine solche doch abschütteln würde, müsse. In diesem Sinne mag ein weiterer Brief von Kirms abgefaßt gewesen sein, denn Iffland antwortet demselben am 11. Dezember 1796:

„Mein unvergeßlicher Freund!

Wehmüthige Thränen kostete mich Ihr Brief! — Ach, von Weimar! — rief meine Frau, als das blaue Convert, wie ein bekannter Freund, zur Thüre hereinsah! — Ja, wahrscheinlich ist meine Ruhe verkauft; aber nur auf einige Jahre, das ist mein Trost. Sie kennen mich und müssen es wissen, daß Geld nicht mein Heil ist. Dies=

mal war es Nothwendigkeit! Ehre und Güte und Geld
ist mein Theil. Aber die Natur ist hier trocken, und der
Verstand ist fast überall im Treibhause. Kein so froher
Abend wird mir hier, wie der, wo wir in Ihrer Stube
der Freude nicht zu gebieten brauchten, denn sie war im
Herzen, und floß gerne über die offenen Lippen; — nein
— Weimar ist nicht fern — das tröstet mich. In einem
Jahre führen Sie mich und mein Weib nach dem Pavil=
lon bei Ettersburg. Da wollen wir unsere Freundschaft
— nicht erneuern, denn sie ist ein frischer blühender
Baum vom lieblichsten Grün! sondern wir wollen sie ge=
nießen. Gruß an Bruder und Schwester, an Alles, was
meiner gedenkt, an K r a n z (Konzertmeister) besonders.
Glücklich die, die nicht zwischen Geld und der Stimme
des Herzens wählen müssen! — Berlin 11. Dezember
1796.

I f f l a n d."

Es scheint der letzte Brief an den Vermittler K i r m s
in dieser Angelegenheit gewesen zu sein.

Die Weimarer Befürchtungen gingen nicht in Er=
füllung. I f f l a n d war schon der Mann dazu, seine
Obliegenheiten als Direktor zu erfüllen, ohne darüber
den Künstler und Schriftsteller zu vernachlässigen, wie die
Folge seiner Wirksamkeit hinlänglich gezeigt. Da man
ihn somit nicht als ständiges Mitglied des Hoftheaters
in Weimar haben konnte, wollte man ihn doch als Gast
sehen, sich an seinen Darstellungen erfreuen, und so kam

er denn 1798 zum zweiten Male nach Weimar. Ein recht interessantes, hierauf bezügliches Schreiben Iff= land's an Kirms mag hier noch folgen:

„Berlin den 17. April 1798.

Nun denn — Sonnabend den 21. Früh gehen wir ab. So hoffe ich am 22. Früh, d. h. vor Abend, in Leipzig zu sein; den 23. 4 Uhr Früh aus Leipzig, da wären wir ja wohl den 23. Abends 8 Uhr in Weimar. Es steht bei Ihnen, ob ich den 24. spielen soll oder den 25. Einen Ruhetag wünsche ich; für Ettersburg Früh, für Belvedere Nachmittags, wenn es angeht. Außerdem gebietet über euren Knecht! Die Musik zum „Pygmalion" bringe ich mit. Ich gehe, Nachts 1 Uhr, oder Sonntag am 3. Mai, aus Weimar weg. Nicht weil ich will, sondern weil ich muß. — Nur Egmont, den ich nicht mehr im Gedächtnisse habe, kann ich nicht spielen. Leid ist es mir Dlle. Jagemann zu delogiren, so lieb es mir ist, außer dem Gasthofe zu sein! Also denn — in wenigen Tagen umarmt Sie Ihr herzlicher Freund

Iffland."

Diesem Schreiben liegt noch das folgende bei:

„Für den Freund allein.

1. Präpariren Sie sich in meiner Frau eine nichts= weniger als hübsche, eher häßliche, gescheute, sehr gute Frau, die ich innigst liebe, zu sehen. — 2. Ueberlegen Sie, wo ich Visite machen muß. Ich möchte die wenigen Tage der Freundschaft leben. — 3. Es ist besser,

Georg (?) ißt mit uns. So bleibt die Kolonie beisam=
men. — 4. Ich bitte, den ehrlichen Bleß zur Aufwar=
tung zu haben. — 5. Ich wünsche alle Soupers und
Diners, wo sich deren finden sollten, so viel es mit An=
stand möglich ist, zu vermeiden. — 6. Lassen wir die
Maler lieber weg, als daß wir anstoßen. — 7. Die
Jagemann macht doch die Galathee in „Pygmalion?"
— 8. Ich bitte, daß Sie mir bei meiner Ankunft Alles
sagen, was ich thun und was ich nicht thun soll. —
9. Ich habe, glaube ich, gebeten, daß ich und meine Frau,
jedes ein besonderes Bette in einem Zimmer erhalten. —
10. Verlieren Sie die Geduld nicht!!!"

Man wartete aber nicht den 25. April ab*), sondern
Iffland's erste Gastrolle fand den 24. statt. Er spielte

---

*) Goethe machte dem Publikum dies zweite Iffland'sche
Gastspiel durch folgende, von ihm redigirte „Nachricht" be=
kannt:

„Nachricht.

Der ganz Deutschland auf das vortheilhafteste bekannte
Künstler und gegenwärtige Direktor des Königlich Preußischen
deutschen Schauspiels, Herr Iffland, wird, vom 24. April
an, auf dem hiesigen Hoftheater, sechs nahe auf einander fol=
gende Vorstellungen geben, und mit der Rolle des alten Domi=
nique in dem Essighändler, mit welcher derselbe in Berlin debü=
tirte, den Anfang machen.

Fremde, die an diesem Genuß theilnehmen wollen, würden
allenfalls vor ihrer Ankunft durch hiesige Bekannte sich mit
Billets zu versehen haben, weil nur eine bestimmte Anzahl von
Personen in das Schauspielhaus Eingang findet.

an jenem Tage den alten Domingo im „Essigmann".
Am 25. Woodmar im „Deutschen Hausvater". 27. Pyg=
malion und St. Wallen in „Stille Wasser sind tief".
28. Bittermann in „Menschenhaß und Reue". 30. Den
Hettman in „Graf Benjowsky".   1. Mai. Pygmalion
und Treumund in „der ehelichen Probe".   3. Agapito
in „der verstellten Kranken".   4. Amtmann Riemen in
„der Aussteuer".

Es waren ihm demnach d r e i Ruhetage gegönnt, um
seine Lieblingsorte zu besuchen.   Wohl mag er dieser be=
durft haben, denn 8 Mal in 11 Tagen zu spielen war
Anstrengung genug.

Bei Gelegenheit dieses Gastspiels sah ihn S ch i l l e r

Die Einlaßpreise sind während gedachten Vorstellungen:

1 Rthlr. auf den ersten Platz,
16 Gr. auf den zweiten Platz,
8   „   auf die Gallerie.

Die Dutzend=Billets können während den Vorstellungen
des Herrn J f f l a n d nicht gelten; dagegen wird das Abonne=
ment auf $2^{1}/_{2}$ Monate, worunter aber die ersten in dem jetzigen
Monats=Abonnement bereits gegebenen Vorstellungen mitbe=
griffen sind, für die bisherigen Preise, stattfinden.

Die bereits auf den Monat April unterzeichneten Abonnen=
ten, welche den Jfflandischen Vorstellungen beiwohnen wol=
len, gehen gleichfalls die Bedingung ein, daß sie das Abonne=
ment bis zum völligen Schluß der Bühne zu halten gedenken.
Weimar den 12. April 1798.
Von Direktionswegen."

wieder, welcher sich besonders durch die Vorführung des Rousseau'schen „Pygmalions" zu harter Kritik veranlaßt fand, während Goethe ganz entgegengesetzter Ansicht war. Letzterer sagte über diese Rolle: „Pygmalion macht Anspruch auf die höchste theatralische Würde und Fülle; was Iffland in der Rolle geleistet hat, wird durch keine Worte auszudrücken sein."

Iffland betrachtete dies Gastspiel als eine Ehrensache. „Er wurde diesmal blos ausgelöst (im Gasthofe), das Douceur hatte er sich verbeten," heißt es in einer handschriftlichen Notiz.

Zum dritten Male kam Iffland als Gast nach Weimar im Jahre 1810. Es hatte vorerst nicht in seiner Absicht gelegen, in Weimar aufzutreten. Er gastirte in Leipzig und wollte von dort, durch Weimar, nach Gotha. Unterm 10. September schreibt er von Leipzig folgende darauf bezügliche Zeilen an seinen Freund Kirms:

„Da ich, mein theuerer Freund, den 18. in einem Vorspiel für die Armen erst noch spielen muß, und dann Abends 8 Uhr abgehe, so werde ich Sie den 19. etwa gegen 11 Uhr eine halbe Stunde sehen und dann nach Gotha eilen. Ich melde es Ihnen, damit ich, ist es möglich, meinen lieben Kirms zu Hause finde. — Vergebung, daß ich so oft Sie behellige! Es liegt nur eben an Ihnen!

Ihr Iffland."

Der Einfluß Goethe's muß ihn indessen doch dahin
gebracht haben, einige Male aufzutreten, denn vom 24.
bis 27. September spielte er vier Mal: am 24. den alten
Grafen im „Puls"; 25. Hrn. v. Langsalm im „Wirr-
warr"; 26. den König Lear; 27. Herbe im „Amerikaner".

Dieses Gastspiel hat E. Devrient in seiner „Geschichte der deutschen Schauspielkunst" übergangen.

Zum vierten und letzten Male sah ihn Weimar im
Winter des Jahres 1812. Obschon recht krank und
schwach, hatte er sich doch zu diesem längst versprochenen
Gastspiel entschlossen. Vom 20. bis 30. Dezember spielte
er acht Mal: 20. Willburg in „Klementine", 21. Con-
stant in „Selbstbeherrschung", 22. den Juden Schewa,
23. Lämmermeyer in „Künstlers Erdenwallen", 27. Den
Ramiro und Lorenz Kinklein, 28. Baron in der „Läster-
schule", 29. Shylock, 30. Morhof im „Gutherzigen
Polterer".

Für dieses Gastspiel erhielt er außer einem brillanten
Geschenk von Carl August noch 40 Friedrichsd'or aus
der Hoftheater-Kasse.

Ludwig Wieland, der Sohn des Dichters, hat
dieses Gastspiel in einer umfassenden Kritik gewürdigt; sie
erschien nebst einer Tafel mit Abbildungen (Lämmermeyer,
Shylock und Don Ramiro) im Februarhefte des „Jour-
nals des Luxus und der Moden" vom Jahre 1813, dann
als selbstständige Broschüre. Sie ist enthusiastisch geschrieben und schildert in lebhaften Farben den gewaltigen

Eindruck, den die Darstellungen auf das Weimarer Publikum gemacht. Es waren dies überhaupt die letzten Darstellungen Iffland's, denn die allzugroßen Anstrengungen nach so vielerlei Richtungen, die er sich aufgebürdet, hatten seine Gesundheit untergraben, und am 22. September 1814 endete er sein vielfach bewegtes und vielfach bewegendes Leben.

Hätte er 1796 die bescheidene, doch gewiß ruhigere Stellung in Weimar der Berliner Direktion vorgezogen, er würde sein Leben vielleicht auf mehr als 55 Jahre gebracht haben! Ob es aber nicht besser für die deutsche dramatische Kunst war, daß Iffland, anstatt mit Goethe vereint zu wirken, letzterm Weimar allein überließ, um seinerseits selbstständig schaffend und wirkend in Berlin zu verweilen, dürfte wohl nicht zu verneinen sein.

Ende des ersten Bandes.

18 *

www.ingramcontent.com/pod-product-compliance
Lightning Source LLC
Chambersburg PA
CBHW030337270326
41926CB00009B/868